Jürgen Lewandowski   Marion Zellner

Kult-Cabrios

Jürgen Lewandowski   Marion Zellner

Kult-Cabrios

Die legendärsten Cabriolets von 1945 bis heute

STEIGER

Inhalt

Vorwort

Eigentlich war es die Menschheit seit Jahrhunderten gewohnt, sich unter freiem Himmel mit Hilfe von Gefährten fortzubewegen. Pferdekarren boten ebenso wenig ein schützendes Dach wie später die Kutschen. Bei der feineren Gesellschaft wurde es schließlich üblich, nur noch den Kutscher im Regen sitzen zu lassen, während die Dame und der Herr im Trockenen saßen.

Auch die ersten Automobile waren noch ganz ohne Dach konstruiert worden, und eine Ausfahrt bei schlechten Wetter war alles andere als ein Vergnügen. Immer noch galt es als Privileg, auch „in Fahrt" ein Dach über dem Kopf zu haben. So konzentrierten sich die Entwickler der ersten Autos zunächst auf Wichtigeres als auf die Fertigung eines Daches – der entscheidende Schritt, um das Fahren mit einem Automobil komfortabler zu machen, erfolgte erst danach. Doch kaum waren die ersten „richtigen" Autos auf den Straßen unterwegs, wurde schon darüber sinniert, wie man ein abnehmbares Dach konstruieren könnte.

Schließlich sollte das Fahren in einem offenen Wagen – einem Cabriolet eben – zum Ausdruck von Fahrvergnügen schlechthin werden. Dabei war nicht entscheidend, ob es sich nun um ein so robustes Fahrzeug wie das Käfer-Cabrio handelte oder um den Traum eines offenen Straßen-Sportwagens, wie etwa aus dem Hause Porsche – als 356, 911 oder Boxster – oder aus der italienischen Sportwagenmarke schlechthin, von Ferrari.

Als in den fünfziger Jahren die Cabrio-Begeisterung der Amerikaner – in Form von stattlichen GM- oder Cadillac-Gefährten – nach Europa schwappte, und deutsche Hersteller in den USA mit Recht einen interessanten Markt vermuteten, stand dem Durchbruch der offenen Zwei- und Viersitzer praktisch nichts mehr im Wege.

Und ob es sich nun um ein Cabriolet für den schmaleren Geldbeutel oder um ein Luxusgefährt für betuchtere Kunden handelt, alle hier vorgestellten Cabriolets – aus den Jahren 1945 bis heute – haben eines gemeinsam: Sie waren zu ihrer Zeit etwas ganz Besonderes.

Porsche 356
Cabrio und Speedster

Offenheit zahlt sich aus

Für die einen mag es der Inbegriff des offenen Nachkriegs-Sportwagens sein, für die anderen ein unvergessliches Auto, das – obwohl seit mehr als 30 Jahren nur noch als Gebrauchter zu bekommen – den Grundstein für die Tradition einer deutschen Sportwagenschmiede legte. Der **356** war der erste Wagen, der den Namen Porsche trug. Und sein Schöpfer, Ferry Porsche, war der Sohn des Mannes, der den Volkswagen – den Käfer – erfunden hatte.

Ursprünglich begann das Unternehmen 356 im österreichischen Gmünd, wo Porsche die Idee verfolgte, einen Sportwagen zu bauen, der mit Hilfe ganz gewöhnlicher Serienteile entwickelt werden sollte – und zwar auf der Basis des VW-Käfers. Der 1.131 ccm große Vierzylinder-Boxermotor wurde mit einer höheren Leistung versehen – das ergab 35 PS bei 4.000/min. Damit konnten bereits Geschwindigkeiten bis zu 135 km/h erreicht werden. Dieser Roadster war zunächst weniger für normale Kunden gedacht, sondern sollte sich bei Rennen bewähren, wobei er natürlich auch als Vorbild für herkömmliche Straßenfahrzeuge fungierte. Später bekam er nicht nur ein festes Dach, sondern auch der Motor wurde hinter die Hinterachse verlegt. Das erste fertige Modell mit der Bezeichnung **356/2** war im Juli 1948 fertig und sollte – mit seinen Weiterentwicklungen – über mehrere Jahrzehnte automobile Geschichte schreiben.

Im Herbst 1948 standen dann die ersten Coupés und Cabriolets zum Verkauf bereit – und bewiesen reichlich Temperament. Die 50 Fahrzeuge, die nach ihrem Entstehungsort **Gmünd-356er** benannt und zwischen 1948 und 1950 gebaut wurden, wogen nur 650 Kilogramm und hatte eine Leistung von 40 DIN-PS. Damit konnten sie eine Höchstgeschwindigkeit von 145 Stundenkilometern erzielen.

Doch die folgenden Jahre waren nicht nur durch eine zunächst mangelnde Nachfrage nach dem Wagen geprägt, sondern vor allem durch den Umzug zurück nach Deutschland. Dennoch wurde das Auto schon ins Ausland exportiert, wo es Begeisterung ausgelöst hatte. Schließlich bot dieser Wagen nicht nur dank gelungener Aerodynamik gute Fahrleistungen, sondern erfüllte auch die ästhetischen Ansprüche der Kundschaft.

Mit einer gewissen Genugtuung konnten die Schöpfer auf ihr Werk blicken. Ferry Porsche (links) und sein Vater Ferdinand Porsche posierten 1948 in Gmünd vor ihrem ersten Porsche mit der Nummer 001.

Das stand auch schon in der ersten Verkaufsbroschüre zu lesen, in der es über das Cabriolet hieß: „Die Karosserie bietet zwei Personen bequem Platz und weist hinter den Sitzen einen geräumigen Kofferraum auf, der ebenso gut auch für Notsitze von zwei Kindern verwendet werden kann. Wer auf Reisen den freien, offenen Ausblick auf die Schönheit unserer Bergwelt und Alpenseen, auf die Sehenswürdigkeiten unserer Städte und Dörfer genießen will, dem bietet das Sport-Cabriolet Typ 356 die Erfüllung seiner Wünsche."

Im Laufe der Jahre erlebte der 356 nicht nur einige technische Überarbeitungen, wie beispielsweise mehr Motorleistung, sondern auch optische Retuschen. Zudem bewährte sich der Wagen bereits beim Renneinsatz, was für ein sportliches Auto nur gut für das Image sein konnte. Doch den wahren Siegeszug erlebte der 356, als der heute legendär gewordene **Speedster** auf die Straße kam. Offene Sportwagen waren nach dem Krieg gerade bei den Amerikanern schick geworden, und so entstand auf dem Chassis des Cabriolets der Speedster. Das Modell hatte ein leichtes, abnehmbares Verdeck, Plexiglas-Seitenscheiben und eine extrem flache Windschutzscheibe. Und vor allem zeichnete er sich durch reichlich Temperament aus. Von den zirka 4.900 bis 1958 produzierten Exemplaren wurde der größte Teil in die USA verkauft.

Als im Jahr 1955 der Porsche **356 A** präsentiert wurde, hatte der Wagen inzwischen viele weitere technische und auch äußerliche Veränderungen durchgemacht, davon ganz abgesehen, dass das Modelljahr 1955 bereits eine stattliche Palette an verschiedenen Modellen umfasste. Allein beim Cabriolet und beim Speedster waren insgesamt 15 Varianten dieser Fahrzeuge entstanden. Insgesamt wurden in diesem Jahr

Der offene 356 Speedster war nicht nur für Ausflüge an den Badesee gut, sondern bewährte sich auch schon auf der Rennstrecke. Typisch für die erste Baureihe war die noch geteilte Frontscheibe.

Als der 356 A im Jahre 1955 auf den Markt kam, hatte er gegenüber dem ersten Modell schon reichlich technische Überarbeitungen durchgemacht.

269 Cabrios und 1.000 Speedster gebaut. Dabei war das begehrteste Modell der 1500er, der noch auf die Karosserie-Kennkombination T0 hörte – mit 160 verkauften Exemplaren. Und auch beim Speedster entschieden sich die meisten Porsche-Käufer für die gleiche Motorisierung.

Aber der 356 A der ersten Ausprägung schien die Porsche-Verantwortlichen selbst nicht recht zu überzeugen, so dass innerhalb kürzester Zeit bereits an eine weitere Überarbeitung gedacht wurde. Für das Cabriolet bedeutete das, dass Lüftungsfenster und ein völlig neues Hardtop eingeführt wurden und ein größeres Rückfenster zum Einsatz kam. Der Speedster erhielt ein neues Verdeck, da das alte zu sehr geflattert hatte. Diese Neuerungen waren dann bei der Internationalen Automobilausstellung in Frankfurt im Jahre 1957 zu sehen.

1958 kamen noch weitere überarbeitete Modelle hinzu. Der Speedster wurde durch den **Speedster D** und kurz darauf durch den **Convertible D** ersetzt. Das D kennzeichnete die Karosseriefirma Drauz in Heilbronn, die die Blechkleider fertigte. Der Convertible bekam eine höhere Windschutzscheibe, Seitenscheiben mit Kurbeln, ein einfach zu öffnendes Verdeck und völlig neue Schalensitze. Dadurch wurde dieses Modell zwar um mehr als 2.000 Mark teurer als der Speedster, was aber offenbar die Porsche-begeisterte Kundschaft nicht sehr gestört hat.

Schon zwei Jahre später, auf der nächsten IAA, sollte der Nachfolger, **356 B**, alle Ungereimtheiten des Vorgängers aus dem Weg räumen. Da auch eine deutliche optische Veränderung mit dem Modellwechsel einherging, versuchte man bei Porsche, den Liebhabern dieser Fahrzeuge den neuen Wagen vorab schon einmal schmackhaft zu machen. Im Porsche-Magazin „Christopherus" schrieb Ferry Porsche im Vorwort: „Wir sind, ich bekenne das offen, sehr stolz darauf, dass wir die Mode im Automobilbau nicht mitmachen – trotzdem wir sie mehr als einmal beeinflusst haben! Unsere Änderungen – und manchmal sind es gar nicht wenige – bleiben oft sehr unsichtbar. Denn wir ändern am Äußeren wenig. Dem Motor, der Straßenlage, der Sicherheit und dem Fahrkomfort: diesen Dingen vor allem gilt unser Streben nach ständiger Verbesserung."

Porsche sollte mit seiner eigenen Interpretation des neuen 356 schon Recht haben, denn alles in allem blieb der 356 – auch als offener Wagen – seiner Grundform trotz zahlreicher Modifikationen ziemlich treu. Zu beobachten war das auch beim letzten 356-Modell, dem **356 C**, der Ende des Jahres 1963 auf den Markt kam. Und sollte es auch nur ein Zufall sein, so war doch der letzte 356er, der vom Band in Zuffenhausen rollte, ein Cabriolet. Das weiße Auto der C-Baureihe

Auch im geschlossenen Zustand machte der 356 eine überaus gute Figur – und das nicht erst, als mit dem 356 C das Schicksal des sportlichen Wagen schon besiegelt war.

verließ am 28. April 1965 die Werkshallen. Bis zu diesem Zeitpunkt waren vom offenen 356 als Cabriolet mehr als 14.000 Exemplare gebaut worden. Der Speedster – wie schon gesagt, seit Ende der fünfziger Jahre Roadster genannt – brachte es bis zu seinem Ende auf rund 9.000 Stück.

Den offenen 356 ereilte also dasselbe Schicksal wie sein geschlossenes Pendant, denn der potente Nachfolger stand schon in den Startlöchern. Der 911 sollte ebenso wie der 356 als geschlossener wie als offener Sportwagen in seiner Zeit Furore machen.

Der letzte 356er, der in Zuffenhausen vom Band rollte, war ein Cabriolet der C-Baureihe. Bis zu diesem Zeitpunkt, dem 28. April 1965, waren mehr als 14.000 Exemplare dieses Cabrios gebaut worden.

VW-Käfer
Cabriolet

Offen für den Erfolg

Für ein Käfer-Cabriolet musste man im Jahre 1949 7.500 Mark bezahlen – eine Summe, die einem aber mehr bot als nur ein Auto: Lebensfreude.

Als sich Ferdinand Porsche Anfang der dreißiger Jahre an die Entwicklung eines Volkswagens machte, zog er in seine Überlegungen bereits ein Cabriolet mit ein. Doch bis dieser offene Käfer wirklich in Serie gefertigt werden sollte, vergingen noch viele Jahre.

Adolf Hitler hatte in seiner Rede bei der Eröffnung der Internationalen Automobilausstellung in Berlin am 7. März 1934 erstmals öffentlich den Bau eines Fahrzeugs für die breite Bevölkerungsmasse in Deutschland gefordert. Der Begriff „Volkswagen" tauchte dabei zum ersten Mal in den „Leipziger Neuesten Nachrichten" auf, die über Hitlers Rede unter der Überschrift „Schafft den deutschen Volkswagen" berichteten.

Die Forderung des „Führers" ließ die bisher tätige Automobilindustrie nicht gerade in Begeisterungsstürme ausbrechen, denn zum einen war der angesetzte Preis von 1.000 Reichsmark (für ein Auto mit vier Sitzen, einem Benzinverbrauch von vier bis fünf Litern auf 100 Kilometer und einer Höchstgeschwindigkeit von 80 km/h) nicht kalkulierbar, zum anderen waren für die eigenen Fahrzeuge bisher nur wenig Kunden zu finden.

Das Zögern der deutschen Autoindustrie war die große Chance für Ferdinand Porsche. Bis zur Mitte der dreißiger Jahre hatte der 1875 im böhmischen Maffersdorf bei Reichenberg geborene Konstrukteur schon reichlich Erfahrung bei der Automobilentwicklung und -fertigung machen können. Seit 1906 war er nicht nur Leiter für Entwicklung und Produktion bei der Österreichischen Daimler-Motoren-Gesellschaft, sondern er war auch technischer Direktor bei der Daimler Motorenwerke AG in Stuttgart-Untertürkheim, wohin er 1923 gewechselt hatte. Nach einer kurzen Zwischenstation bei den Steyr-Werken machte sich Porsche am 1. Dezember 1930 mit einem „Konstruktionsbüro für Motoren-, Fahrzeug-, Luftfahrzeug- und Wasserfahrzeugbau" selbstständig.

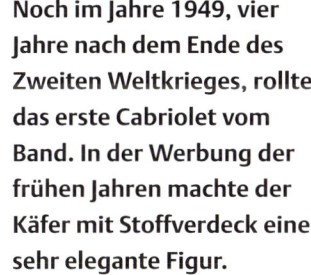

Mit seinem Unternehmen stand er natürlich unter entsprechendem Druck, Aufträge zu bekommen, und so verfasste er am 17. Januar 1934 ein „Exposé betreffend den Bau eines deutschen Volkswagens". Als er am 22. Juni 1934 mit dem Reichsverband der Automobilindustrie einen Vertrag über den Bau eines Volkswagen-Prototyps schloss, war sozusagen der Grundstein für den späteren Käfer und damit auch das Cabriolet gelegt, zumindest formal. Denn obwohl im Februar 1936 die ersten beiden Prototypen V1 (Limousine) und V2 (Cabriolet) auf Testfahrten durch den Schwarzwald geschickt worden waren, machte die politische Entwicklung diesem Projekt ein jähes Ende. Zur Grundsteinlegung des Werkes in Wolfsburg am 26. Mai 1938 ließ sich übrigens Hitler, der nie einen Führerschein besessen hatte, von Ferry Porsche in einem nahezu serienreifen Cabriolet chauffieren. Im Fond hatte Ferrys Vater, Ferdinand Porsche, Platz genommen.

Als Hitler am 1. September 1939 mit dem Überfall auf Polen den Zweiten Weltkrieg auslöste, war nicht nur die Idee eines Wagens für das Volk gestorben, sondern erst recht die eines Cabriolets, denn schließlich musste sich der „Kraft-durch-Freude-Wagen" nun in ein militärisch nutzbares Fahrzeug – einen Kübelwagen – verwandeln.

Als nach dem Krieg die Arbeit im Wolfsburger Werk wieder aufgenommen werden konnte, wurde zunächst nur Limousinen gefertigt. Es sollte noch bis zum Juli des Jahres 1949 dauern, bis das erste Käfer-Cabrio der Nachkriegszeit die Werkshallen verlassen konnte. Der Preis für das beim Osnabrücker Karossier Karmann gefertigte Cabriolet betrug damals 7.500 Mark.

Noch im Jahre 1949, vier Jahre nach dem Ende des Zweiten Weltkrieges, rollte das erste Cabriolet vom Band. In der Werbung der frühen Jahren machte der Käfer mit Stoffverdeck eine sehr elegante Figur.

Bevor überhaupt die erste Privatperson sich ein Käfer-Cabrio kaufen konnte – denn bereits bei der Entwicklung des Volkswagens hatte Ferdinand Porsche einen offenen Wagen erdacht –, reklamierten die National-sozialisten dieses Auto für sich.

Wie schon die Limousine, entwickelte sich auch der offene Käfer im Laufe der Jahre weiter. In den fünfziger Jahren boomte in Deutschland die Wirtschaft, und auch bei VW schrieb man Rekordzahlen in die Bücher. 1955 konnte nicht nur der einmillionste Käfer am 5. August gefeiert werden – auch die Preise wurden gesenkt. So mussten mitten im Wirtschaftswunder für das Cabriolet nur noch 5.990 Mark bezahlt werden.

Zwar war das Frischluftgefährt schon in den dreißiger Jahren von Porsche erdacht worden, doch es stellte knapp 20 Jahre später immer noch ein überaus attraktives Auto dar. Natürlich sah das Cabriolet in den Fünfzigern nicht nur dem Modell von 1938 noch sehr ähnlich, son-dern es hatte auch viel mit der Limousine gemeinsam. Die technischen Daten eines Cabriolets Baujahr 1956 lassen sich etwa so beschreiben: Der im Heck eingebaute luftgekühlte Vierzylinder-Boxermotor leistete bei einem Hubraum von 1.192 ccm 30 PS bei 3.700/min. Damit war der 780 Kilogramm schwere Wagen gerade einmal maximal 118 km/h

Trotz der stolzen Bilanz einer über dreißigjährigen Bauzeit, in der mehr als 330.00 Fahrzeuge gebaut wurden, musste einmal das Ende des Käfer-Cabriolets kommen. 1979 zeigte VW beim Genfer Automobil-salon den Nachfolger: das Golf-Cabrio.

schnell. Um 100 Stundenkilometer zu erreichen, brauchten die Autos damals etwa eine halbe Minute– das Käfer-Cabriolet drei Sekunden länger.

Optisch war das Cabrio eine elegante Erscheinung. Geradezu fili-gran wirkten die kleinen Heckleuchten und die Winker, die direkt hinter den Türen an den Flanken angebracht waren. Die Lufteinlässe saßen auf der Motorhaube – bei der Limousine waren sie ja unterhalb des Fensters –, und von Jahre 1954 an wurde ein Doppelrohrauspuff montiert. Wie schon bei der Limousine wurde das Cabriolet nach und nach sowohl technischen als auch optischen Modernisierungen unterzogen. Die wohl einschneidendste war dann im Jahre 1966 fällig, als das 1300er Cabriolet auf den Markt kam – im gleichen Jahr wie die 1300er Limousi-ne. Die Karosserie wirkte bulliger, obwohl sich an den Abmessungen (4.070 mm lang, 1.540 mm breit, 1.500 mm hoch) nichts geändert hat-te. Vorwiegend lag der Eindruck an der größeren Frontscheibe, die das Cabrio mit der Limousine wieder gemeinsam hatte. Die Leistung war auf 40 PS bei 4.000/min angehoben worden.

Bis das letzte Käfer-Cabriolet direkt in das VW-eigene Museum rol-len sollte, wo es heute noch bewundert werden kann, war das Schicksal zumindest der in Deutschland gebauten Käfer-Limousinen besiegelt. Ihre Produktion wurde 1978 eingestellt – allerdings wird der Millionen-seller bis heute im mexikanischen VW-Werk in Puebla gefertigt. Dieses Glück hatte der offene Käfer allerdings nicht, denn sein letztes Stünd-chen schlug am 10. Januar 1980, als das letzte Cabrio das Werk verließ. Auch wenn sich zahlreiche Fans mit Vehemenz um den Kauf dieses Fahr-zeugs bemühten – VW blieb hart und stellte es ins Museum. Dieses Prachtexemplar musste schon seinem Nachfolger ins Gesicht sehen, denn VW hatte zuvor – beim Genfer Automobilsalon 1979 – das Golf-Cabriolet präsentiert.

Nach mehr als dreißig Jahren Bauzeit und einer Produktion von über 330.000 Exemplaren konnte das Käfer-Cabriolet eine stolze Bilanz ziehen. Für die einen war der Nachfolger – das Golf-Cabriolet – indisku-tabel, weil mit dem „echten" Cabriolet nicht vergleichbar, für die ande-ren war das Ende des offenen Käfers die logische Folge der technischen Entwicklung. Aber wie schon die Limousine mit dem New Beetle eine Neuinterpretation der alten Form ermöglicht hat, so könnte auch ein New Beetle-Cabriolet – wie es als Studie beim Genfer Automobilsalon 1994 zu sehen war – die Erinnerung an ein erfolgreiches Cabrio wieder-beleben.

Cadillac Eldorado

Wenn eine Sehnsucht Wirklichkeit wird

Wer an amerikanische Cabriolets der fünfziger Jahre denkt, dem zeigt das innere Auge sofort lange, reichlich verzierte Luxusgefährte, in denen Filmstars und -sternchen, Politiker und sonstige Prominente fahren oder gefahren werden. Immer blitzen diese Wagen vor lauter Chrom, haben ausladende Dimensionen, werden von bulligen Motoren angetrieben – und eins darf ihnen schon gar nicht fehlen: Heckflossen. Aber woher kommen all diese Assoziationen? Ganz klar – diese Wagen gab es damals wirklich, und sie sind zum Inbegriff für den „American Way of Life" in den USA und auch in Europa geworden.

Ein Vertreter dieser Luxus-Cabriolets ist unumstritten der Cadillac **Eldorado**, der auch als der erste Wagen gelten darf, der mit Heckflos-

sen daherkam – wenn auch nicht gleich von Anfang an. Aber beginnen wir im Jahr 1953, als der erste Eldorado die Sehnsüchte groß werden ließ. General Motors wollte – wie die anderen US-Hersteller auch – ein neues Flaggschiff auf die Highways rollen lassen. Dabei wandten sie bereits das Instrument der Markt- und Kundenanalyse an, was einem so großen und straff durchorganisierten Unternehmen gut zu Gesicht stand. Und auch wenn der Kundengeschmack nicht leicht zu ergründen war, so hatte Cadillac immerhin einen Vorteil gegenüber seinen Konkurrenten: Ein Caddy war einfach der Traum der amerikanischen Autowelt in den fünfziger Jahren.

Als der Cadillac Eldorado 1953 als so genanntes Serien-Show-Car präsentiert wurde, zeigte er schon Details, auf die andere erst später zurückgreifen sollten. Beispielhaft dafür waren unter anderem ein V8-Motor mit 210 PS – der bis dato stärkste Caddy-Motor –, ein mit Leder bezogenes Armaturenbrett, eine Panorama-Windschutzscheibe, Drahtspeichenräder, eine extrem niedrige Gürtellinie und ein Verdeck, das unter einer in der Wagenfarbe lackierten Metallklappe verschwand. Das Verdeck konnte in Schwarz oder Weiß geordert, die mehr als 2,1 Tonnen schwere Karosse konnte in den Farben Aztec-Rot, Azure-Blau, Alpine-Weiß oder Artisan-Beige bestellt werden.

Chrom an allen Seiten, vor allem an den mit torpedoähnlichen Puffern bestückten Stoßstangen und den Seitenflanken, ließen den Wagen in der Sonne glänzen und edel erscheinen. Und das war er auch,

Das Serien-Show-Car, das Cadillac 1953 als Eldorado Convertible präsentierte, verfügte über den damals stärksten Motor des Hauses – ein V8-Aggregat mit stolzen 210 PS.

Das Eldorado-Cabriolet des Jahrgangs 1955 darf für sich den Titel verbuchen, der erste Wagen mit den für amerikanische Wagen später so typischen Heckflossen gewesen zu sein.

doch trotz dieser blendenden Schönheit hatte der Wagen einen ganz gewaltigen Pferdefuß – den Preis. 7.750 Dollar mussten für diese Caddy-Brillanz aufgebracht werden. Zum Vergleich: Ab 1.524 Dollar war damals ein Chevy zu bekommen. Kein Wunder, dass sich diese stolze Summe im Absatz niederschlug: Gerade einmal etwas mehr als 500 Stück des 53er Eldorado fanden einen Käufer.

Was sollte Cadillac tun mit diesem schönen Wagen, den niemand haben wollte? Das Rezept schien einfach: Billiger musste er werden. Und das geschah dann schon ein Jahr später, als eine vereinfachte Version des Eldorado zu einem deutlich günstigeren Preis angeboten wurde. Das luxuriöse Modell hatte ausgedient, der Preis wurde um immerhin 2.000 Dollar gesenkt, und schon verkaufte sich der offene Wagen blendend – 1954 waren es 2.150 Exemplare, die die Verkaufsräume verließen.

Noch immer war der Eldorado gut ausgestattet, doch war er rein äußerlich nicht mehr so verspielt wie der Vorgänger. Chrom war immer noch reichlich vorhanden, doch musste der 54er Caddy auf die niedrige Windschutzscheibe und die Gürtellinie verzichten. Eingespart wurde beim Motor allerdings nicht – im Gegenteil. Die PS-Zahl wurde auf 230 angehoben, bei einem unveränderten Hubraum von 5.424 ccm. Damit wurde der Eldorado natürlich auch schneller: Seine Höchstgeschwindigkeit lag nun bei 185 km/h.

Und auch sonst gönnte man dem offenen Schmuckstück einige andere technische Verbesserungen. Alle Modelle dieses Baujahres

bekamen einen neuen, verbreiterten Rahmen, was die Straßenlage weniger schwammig machte. Die Fachzeitschrift „Motor Trend", die den 54er Caddy zu den US-Autos mit der besten Straßenlage rechnete, schrieb dazu: „Die Hinterräder verlieren kaum einmal den Bodenkontakt, trotz des niedrigen Schwerpunkts des Modells 1954 (das die bekannten Übersteuerungstendenzen des Cadillac wirksam beseitigt, ohne dass die Federung hart wird oder zum Ausbrechen neigt)".

Das folgende 55er Modell des Eldorado wies allerdings eine völlig andere Besonderheit auf, die jenseits allen technischen Interesses lag: die Heckflossen. Und damit war der Eldorado auch der erste Wagen, der solch ein Heck aufweisen konnte, auch wenn diese Premiere meist Chrysler zugeschrieben wird, wo man erst zwei Jahre später auf dieses Stilelement zurückgegriffen hat. Das mag wohl daran liegen, dass der Eldorado nie in diesen großen Stückzahlen produziert worden war. Außer den Heckflossen hatte der Wagen aber auch noch mit so genannten Sabre-Spoke-Radzierblenden aufzuwarten. Sie lösten die Drahtspeichenräder ab und dominierten durch ihre von der Mitte abgehenden zahlreichen kleinen Metallstreben.

Außer einem wiederum stärkeren Motor (mit 270 PS Leistung) veränderte sich auch die Variantenvielfalt des Eldorado. War er bisher nur als Cabriolet zu bekommen, wurde ihm nun eine Hardtop-Variante zur Seite gestellt. Dieses Modell nannte man **Seville**, und es war so erfolgreich, dass von ihm sogar fast doppelt so viele Exemplare verkauft wurden wie vom Cabriolet. Um die beiden Modelle deutlich zu unter-

Den „American Way of Life" repräsentierte in den fünfziger Jahren der offene Eldorado bis ins letzte Detail: Sonne, Sand, Strand, gute Laune und ein großes, schickes Cabriolet waren Attribute dafür.

scheiden, gab man nun auch der offenen Version einen Beinamen. So lange es einen Eldorado Seville gab, hieß der offene Wagen Eldorado **Biarritz**. 1955 wurden 2.150 Verträge für den Biarritz und 3.900 für den Seville abgeschlossen.

Wie schon die Stückzahlen des Modelljahres 1954 zeigten, hatte sich der Eldorado inzwischen etabliert – dank einer kräftigen Preissenkung. Nun war es an der Zeit, den Verkaufspreis für das Modell wieder zu erhöhen. Und so wurden dann auch 1955 für die Modelle Biarritz und Seville zunächst 500 Dollar mehr verlangt; im Jahr darauf kamen noch einmal 300 Dollar dazu. Obwohl das Hardtop-Modell Seville kostengünstiger zu fertigen war, verfolgte man eine identische Preispolitik: Beide Modelle kosteten die gleiche Summe.

Nach den für den Eldorado so erfolgreichen Jahren 1954 und 1955 folgte nun ein steter Abwärtstrend, denn Ende der fünfziger Jahre brach die Nachfrage für die Eldorado-Luxusmodelle dramatisch ein. Ein Grund mag dafür die Rezession gewesen sein, ein anderer war sicher auch, dass die Modelle nicht mehr so exklusiv wirkten wie in den ersten

Auch wenn der Name Eldorado noch lange im Hause Cadillac eine Baureihe zieren sollte – so wie das Cabrio-Modell von 1976 –, war doch die berühmte Zeit des Eldorado nach den Fünfzigern vorbei.

Jahren. Zudem waren die Preise erneut ordentlich angehoben worden. 1958 waren es schließlich 7.500 Dollar, die für einen Eldorado bezahlt werden mussten. Ein anderer Punkt dürfte auch die erstmals nicht erfolgte Leistungssteigerung gewesen sein. Zwar hatte man den Hubraum erweitert – auf 5.981 ccm –, doch ging damit keine höhere PS-Zahl einher.

Auch wenn der Name Eldorado noch über viele Jahre und Jahrzehnte bei Cadillac Bestand haben sollte, so war doch Ende der fünfziger Jahre die Zeit des berühmten Eldorado vorbei. Der offene Wagen mit den Heckflossen musste sinkende Verkaufszahlen einstecken und sich mit einer stärker werdenden Konkurrenz und einem anderen Zeitgeschmack konfrontieren lassen.

Aber eins scheint der Eldorado für sich in Anspruch nehmen zu können: Er ist nicht nur das amerikanische Cabriolet, das bis heute nicht nur für stolze Preise auf dem Oldtimer-Markt sorgt, sondern auch das Cabriolet, in dem man in seinen Träumen immer noch Stars und Politiker sitzen sieht.

Chevrolet Corvette

Eine Klasse für sich

Amerika in den fünfziger Jahren war in Bezug auf den Automobilbau nicht nur gesegnet mit einer Vielzahl von Modellen, sondern auch mit der Möglichkeit, große Fahrzeuge – was die Karosserie und die Motorleistung betraf – zu produzieren. Schließlich waren die USA das Land der unbegrenzten Möglichkeiten, und Platz gab es damals auf den Straßen noch genug. Und gerade die offenen Wagen waren es, die – vornehmlich in den sonnenverwöhnten Regionen – regen Absatz fanden. Es war auch die Zeit, als europäische Fabrikate wie der Karmann-Ghia oder der Porsche 356 in den USA den Geschmack trafen. Und so verwundert es auch nicht, dass der große US-Hersteller GM im Jahre 1953 einen Wagen vorführte, der die kommenden Jahrzehnte aus dem Straßenbild nicht mehr wegzudenken war.

Allerdings sollte das Schicksal der **Corvette** nicht immer so reibungslos laufen, denn als die GM-Verantwortlichen 1953 beim Motorama ihren Zweisitzer zeigten, wollte man die Reaktion des Publikums erst einmal abwarten. Schließlich wusste damals noch niemand, was eine Corvette ist. Doch der Wagen, der mit einem sehr attraktiven Styling aufwartete, wurde – zur Freude der Verantwortlichen – zu einem großen Erfolg. Die Öffentlichkeit zeigte sich überaus angetan, und so konnte auch gleich die Entscheidung für die Serienproduktion dieses Chevrolet-Sportwagens fallen.

Erdacht als einfacher Roadster, entwickelte sich die Corvette beim Serienmodell zu einem Luxus-Sportwagen. Die Karosserie war aus Fiberglas gefertigt und hatte eine raffinierte Form. Die hinteren Kotflügel glichen Raketen mit aufgesetzten kleinen Finnen, der breite Kühlergrill wirkte sehr dominant, und die in die Kotflügel eingelassenen Scheinwerfer waren mit einem Drahtnetz gegen Steinschlag geschützt. Die ersten Modelle, die im Juni 1953 das Chevrolet-Werk in Flint, Michigan, verließen, sahen alle gleich aus: Außen waren sie weiß, der Innenraum war rot, das Verdeck schwarz, und alle standen sie auf Weißwandreifen. Und unter der Motorhaube arbeitete ein 150 PS starkes Sechszylinder-Triebwerk.

Der Verkauf der Corvette lief zunächst sehr zögerlich an, was unter anderem auch an der geringen Produktion lag. Als die Fertigung nach St. Louis verlegt wurde, waren im Jahre 1954 immerhin 1.000 Stück im Monat hergestellt worden.

An den Startschwierigkeiten der Corvette konnte die Fachpresse diesmal nicht Schuld sein, denn sie äußerte sich sehr positiv zu dem neuen Sportwagen. So schrieb zum Beispiel die Zeitschrift „Motor Trend": „Chevrolet hat mit der Corvette einen zweisitzigen Roadster kreiert, der mit den besten europäischen Sportwagen konkurrieren

Parade auf dem Werksgelände: Das klassische Design der frühen Corvettes zeigt sich in einer weißen Karosserie, Weißwandreifen und einem roten Innenraum.

kann – und dies auch noch zu einem bedeutend günstigeren Preis."
Dieser Preis wurde sogar im folgenden Jahr 1954 gesenkt, so dass eine
Corvette damals 2.774 Dollar kostete. Diese Preissenkung war allerdings ein Trick, denn das Automatikgetriebe gehörte nun nicht mehr
zu Serienausstattung. Da es aber noch immer kein handgeschaltetes
Getriebe gab, musste der Käufer wohl oder übel in den sauren Apfel
beißen und zum Aufpreis von 178 Dollar die Automatik zusätzlich erwerben – schließlich wollte niemand ein Auto ohne Getriebe kaufen.

Die erste Corvette rief 1953
bei den Messebesuchern
eine sehr positive Reaktion
hervor – was nicht zuletzt
die Verantwortlichen
von GM veranlasste,
den Wagen in Serie
zu fertigen.

Wie schon erwähnt, sollte der Weg der Corvette nicht geradlinig
verlaufen, und so waren Mitte der fünfziger Jahre die Aussichten nicht
gerade rosig. Die Corvette war im Vergleich zu anderen Wagen relativ
teuer, und der finanzkräftigeren Kundschaft war er zu wenig komforta-
bel. So hätte es bald vorbei sein können mit dem Traum vom Chevy-
Sportwagen – die Verluste waren einfach zu hoch –, wenn nicht plötzlich ein neues Fahrzeug aus dem Hause Ford auf der Bildfläche erschienen wäre: der zweisitzige Thunderbird. Zwischen den Konkurrenten
entwickelte sich ein Wettrennen um die höheren Verkaufszahlen, und
allein schon, um gegen den Thunderbird eine eigenes Modell anbieten

Nachfolgende Doppelseite:
Die versenkbaren
Scheinwerfer waren
keineswegs von Anfang
an ein typisches Detail der
Corvette. Sie sollten erst in
den sechziger Jahren in
Mode kommen.

zu können, blieb die Corvette zumindest für die kommenden zehn Jahre mehr oder minder unverändert auf dem Markt.

Wesentlich ändern sollte sich der Sportwagen erst wieder Anfang der sechziger Jahre, als 1963 die **Corvette Sting Ray** auf den Markt kam. Erstmals mussten die Kunden mit Lieferzeiten rechnen, denn die große Nachfrage konnte so schnell nicht erfüllt werden. Im ersten Modelljahr wurden vom Sting Ray 21.513 Modelle verkauft – das war eine Steigerung um 50 Prozent gegenüber den Rekordverkäufen des Vorjahres. Zusätzlich zum offenen Sting Ray wurde auch eine Coupé-Variante gebaut, die sich besonders durch die geteilte Heckscheibe auszeichnete. Dabei blieb aber nach wie vor das Cabriolet gegenüber der geschlossenen Variante in der Beliebtheitsskala vorne. Im Modelljahrgang 1963 wurden 51 Prozent als Cabriolet gebaut, wobei davon wiederum die Hälfte mit dem optionalen Hardtop bestellt wurden. Gerade diesem 63er Modell steht in der Corvette-Geschichte ein besonderer Platz zu, denn es handelte sich dabei um das einzige vollständig neu entworfene Modell – mit Ausnahme der Motoren – zwischen 1953 und 1984.

Und so war dann auch die Corvette des Jahres 1984 tatsächlich ein völlig neues Fahrzeug. In den vergangenen Jahren waren zwar zahlreiche Veränderungen vorgenommen worden, und man hatte am 15. März 1977 die 500.000ste Corvette feiern dürfen, doch eine echte neue Corvette sollte eben erst jetzt, in den Achtzigern, wieder auf den Markt kommen. Auch dieses Mal zeigte sich die Fachpresse überzeugt. „Er hat alle Qualitäten, die er haben muss, im Überfluss. Eine moderne und zukunftsweisende Erscheinung? Selbstverständlich! Wegweisende Technik? Sehen Sie nur hin! Komfort? Natürlich! Ausgezeichnete Fahrleistungen! Man könnte nicht mehr verlangen!", fasste „Motor Trend" alle neuen Eigenschaften der Corvette, Baujahr 1984, zusammen.

Doch auch damit endet die Geschichte der Corvette nicht, denn bis zum heutigen Tage – kurz nach dem Jahrtausendwechsel – fährt die Corvette weiterhin auf den Straßen. Selbstverständlich hat sie sich gegenüber dem Modell vor zehn, fünfzehn Jahren wiederum in vielen

Auch die heutige Corvette-Generation weist – wie schon die Sting Rays – doppelte Rückleuchten auf.

Die Corvette Sting Ray überzeugte mit ihrem kompromisslosen Design in den sechziger und siebziger Jahren auf ganzer Linie.

kleineren und größeren Dingen verändert. Aber eine Eigenschaft ist der Corvette bis zum heutigen Tage geblieben: das völlig unterschiedliche Image, das der Wagen in den USA und in Europa hat. Stand er in Übersee seit jeher als Inbegriff für Sportlichkeit, wird er in Europa mit einem völlig anderen Auge betrachtet. Natürlich weiß auch hier jedermann, dass die Corvette ein Sportwagen typisch amerikanischer Ausprägung ist, allerdings haftet ihm diesseits des Atlantiks – bedingt durch die Kundschaft, die ihn meist fährt – oft die Anrüchigkeit der Halbwelt an.

Aber was auch immer die Corvette für Assoziationen erlaubt, eins steht außer Frage. Dieser Sportwagen ist eine Klasse für sich, und das nicht nur, weil er – obwohl in den fünfziger Jahren erdacht – bis heute auf dem Markt ist und immer noch reichlich Kunden findet.

Kraft und Sportlichkeit stehen seit jeher für die Corvette von Chevrolet. Bis zum heutigen Tage ist die Corvette – nicht nur in den USA – Inbegriff eines offenen Sportwagens.

Mercedes-Benz 190 SL

Der kleine Bruder

Mit diesem 190 SL-Prototyp trat Mercedes-Benz am 6. Februar 1954 bei der New Yorker Auto-Show an – doch der elegante Roadster hatte von der ersten Minute an gegen den ebenfalls neuen 300 SL zu kämpfen.

„Wenn das Wörtchen wenn nicht wär'…" – mit diesem Spruch wurden schon immer irgendwelche Erklärungsversuche für Misserfolge und Fehlschläge eingeleitet – und mit diesem Spruch könnte man auch die sträflicherweise unterschätzte Reputation des **Mercedes-Benz 190 SL** erklären: Wenn es nicht den spektakulären 300 SL gegeben hätte, wäre der 190 SL bis heute als eines der harmonischsten und schönsten Cabriolets der fünfziger Jahre in Erinnerung geblieben.

So aber ist er immer der „kleine Bruder" geblieben und auch zu sehr – wie so manches andere Automodell vom VW-Karmann-Ghia bis zum Opel Manta – mit der ihn bevorzugenden Klientel identifiziert worden. Vorzugsweise die Dame des Hauses ließ sich mit ihm gerne beim Shopping sehen, und auch eine gewisse Rosemarie Nitribitt besaß einen 190 SL. Dabei hatte dieses bildhübsche Cabriolet noch ganz andere Qualitäten vorzuweisen.

Der 190 SL hatte – wie auch der 300 SL – eng mit dem Schicksal von Max oder „Maxie" Hoffmann zu tun, jenem rührigen Österreicher, der zu Beginn der fünfziger Jahre als US-Importeur die Marke mit dem Stern in nie vermutete Verkaufshöhen schrauben konnte. Hoffmann hatte am 2. September 1953 bei einer Vorstandssitzung in Stuttgart – neben dem 300 SL – auch einen kleinen Sportwagen für seinen Show-Room in New York gefordert. Hoffmann wusste genau, dass der mit Rennsiegen geadelte 300 SL für das Prestige sorgen würde, während ein kleinerer Sportwagen für die interessanten Stückzahlen zuständig wäre. Und so gelang es ihm an diesem Septembertag, den Vorstand von dem Bau eines solchen Fahrzeugs zu überzeugen.

Eine Zusage, die die Techniker am nächsten Tag bereut haben müssen, denn Hoffmann hatte dem Vorstand auch noch die Zusage abgerungen, dass sowohl der 300 SL wie auch der kleine Sportwagen – noch war nicht klar, dass es ein 190 SL werden sollte – bei der vom 6. bis 15. Februar 1954 stattfindenden New Yorker Auto-Show debütieren sollten. Knapp fünf Monate hatte man nun nach dieser Zusage noch für den Bau von zwei neuen Modellen zur Verfügung – eine eigentlich lächerlich kurze Zeitspanne.

Prof. Hans Scherenberg, der damalige Konstruktionschef (und spätere Technik-Vorstand) hatte sich bei dem Auftritt von Max Hoffmann folgende Stichpunkte notiert: 1) Max Hoffmann wünscht einen kleinen Sport-Zweisitzer – 2) Form am 300 SL orientiert – 3) Windschutzscheibe auswechselbar gegen Rennscheibe – 4) Türen mit Kurbelfenstern – 5) Türen für Rennausführung ohne Fenster – 6) Leicht versenkbares Verdeck – 7) Motor eventuell schräg einbauen.

Aus heutiger Sicht sind besonders die Wünsche nach der Rennscheibe und den Türen ohne Fenster interessant, denn Max Hoffmann war ein großer Verfechter von Motorsporteinsätzen – und so wie er später von Porsche den Bau des Speedsters forderte, wollte er den 190 SL offensichtlich auch als Rennwagen für die breite Masse platzieren. Ein Wunsch, der nie in Erfüllung gehen sollte. Aber abgesehen davon wuchs das Cabrio in beachtlichem Tempo zu einem ansehnlichen Gefährt heran. Wobei der Vorstand immer wieder darauf hinwies, dass „die Sportwagenausführung zum Typ W 120 kein reiner Sportwagen wie der 300 SL, sondern mehr ein Sport-Tourenwagen" werden würde.

Eine Aussage, die zwei Dinge deutlich machte: Erstens hatte man in Stuttgart noch immer keine Vorstellung davon, wie der Wagen dereinst benannt werden sollte – und zweitens wollte man eigentlich neben dem betont sportlichen, direkt von einem Rennwagen abgeleiteten 300 SL keinen zweiten Sportwagen bauen. Auch wenn Max Hoffmann andere Vorstellungen hatte.

Wie groß der Zeitdruck war, unter dem die beiden Fahrzeuge für die New Yorker Premiere fertig gestellt wurden, zeigte auch die Tatsache, dass Mercedes-Benz darauf hinwies, dass der mittlerweile auf 190 SL getaufte Wagen noch nicht erprobt war, dass keinerlei Versuchswerte vorlagen und dass die Serienzeichnungen frühestens zwei Monate später zur Verfügung standen. Aussagen, die nicht weiter verwunderten, schließlich hatten die Techniker nicht nur auf der Basis eines

Nachfolgende Doppelseite: Von dem eleganten 190 SL sollten nicht weniger als 25.881 Exemplare entstehen – womit sich der 16.500 Mark teure Roadster zu einem beachtlichen Verkaufserfolg entwickelte.

Der 190 SL war von 1955 bis 1963 im Modell-programm der Stuttgarter – mit seinen 105 PS und 171 km/h Höchstgeschwin-digkeit konnte er auch vielen seiner Konkurrenten den schönen Rücken zeigen.

verkürzten 180er-Fahrgestells eine völlig neue Karosserie geschaffen, sondern unter der eleganten Haube auch noch einen neuen Motor mit der Bezeichnung M 120 untergebracht. Und so nahm eigentlich auch niemand Anstoß daran, dass es bis zum Herbst 1955 dauern sollte, bis die ersten Fahrzeuge an die Kunden ausgeliefert wurden.

Als die Serienproduktion endlich begonnen hatte, konnten sich die stolzen Besitzer über einen 1.897 ccm großen Reihenvierzylinder freuen, der seine 105 PS bei 5.700/min abgab – womit das Triebwerk gegenüber dem in New York angekündigten Motor fünf PS verloren hatte. Die verbliebenen 105 PS sorgten für etwa 170 km/h Höchstgeschwindigkeit (die Bestzeit markierte die „Motor-Revue" mit 173 km/h) und eine Beschleunigung des 1.180 Kilogramm schweren 190 SL in 14 Sekunden von Null auf 100 km/h. Das waren – absolut gesehen – für die damaligen Zeiten Werte, mit denen der 190 SL seinen Anspruch, ein Sport-Tourenwagen zu sein, perfekt erfüllte. Allerdings mussten für den Wagen in Deutschland 16.500 Mark hingelegt werden – ein hoher Preis, der seinerseits den deutlich niedrigeren Preis in den USA subventionierte. Dafür hatte Max Hoffmann sein Ziel erreicht: Der 190 SL wurde größtenteils auf der anderen Seite des großen Teichs verkauft.

Doch wie bereits erwähnt, entstand auf den Nachbarbändern der unvergleichliche 300 SL mit den sich weit nach oben öffnenden Flügeltüren – ein Modell, das mit seinem spektakulären Äußeren und seinen bis heute atemberaubenden Fahrleistungen dem 190 SL keine Luft zum Atmen ließ. Zwar entstanden vom 300 SL nur 1.400 Exemplare, während der 190 SL nicht weniger als 25.881 Käuferinnen und Käufer fand – doch der Schatten des großen SL war zu übermächtig.

Dabei konnte man mit dem kleinen SL ziemlich schnell unterwegs sein, wie ein Bericht der Rennabteilung beweist, die anlässlich der „Targa Florio" einen 190 SL mitgenommen hatte: „Von allen am Training beteiligten Wagen wurde der 190 SL wegen seiner hervorragenden Fahreigenschaften besonders gerne gefahren. Selbst die untersteuernde Wagen bevorzugenden englischen Fahrer Moss und Collins waren restlos begeistert über die Straßenlage und die Leichtigkeit, mit der das Fahrzeug auch in schwierigen Situationen zu beherrschen ist. Da während des Trainings fast täglich Gewitter niedergingen, war die Bahn im Gebirge meistens mit Sand oder Schlamm überschwemmt. Hier zeigte sich, dass der 190 SL trotz seiner geringen Leistung Trainingszeiten erreichte, die nur wenige Minuten über denen des 300 SL lagen. Der Unterschied zwischen nasser und trockener Straße war beim 190 SL sehr gering." Doch Fritz Nallinger hatte es schon viel früher gewusst: Mit dem kleinen 1,9-Liter-Vierzylinder hätte der 190 SL nie ernsthafte Chancen im Motorrennsport gehabt – und so blieb es bei einem einzigen im Rennsport-Look aufgebauten Fahrzeug. Und vielleicht waren es ja die fehlenden Erfolge in diesem Bereich, die dem 190 SL das Image, ein „Damenfahrzeug" zu sein, einbrachte.

Heute hat dieser SL den etwas femininen Duft längst verloren – und er gehört in die Reihe der absoluten Klassiker, was sich auch in einem erstaunlich hohen Preis für eines der raren, rostfreien Exemplare niederschlägt. Und seit der Neuauflage des Films „Das Mädchen Rosemarie" ist der 190 SL sogar absolut „in".

Der Schauspieler und Regisseur Bernhard Wicki füllte Anfang der fünfziger Jahre die Filmtheater mit „Die letzte Brücke", „Es geschah am 20. Juli" oder „Das Wunder des Malachias" – und er war einer der stolzen Besitzer eines 190 SL.

BMW 507

Zu schön für diese Welt

Zu den Traumwagen der fünfziger Jahre zählte der BMW 507.

Das Wirtschaftswunder der fünfziger Jahre trug nicht nur zu gefüllten Lebensmittelläden und der Lust auf Reisen bei. Es sorgte auch dafür, dass die Deutschen wieder anfingen, ihren Spaß am Automobil zu haben – und dies unabhängig davon, ob sie viel oder wenig Geld hatten. So trug sich BMW schon gegen Ende 1949 mit dem Gedanken, unter der Typbezeichnung **331** einen agilen Kleinwagen mit einem 600-ccm-Motorradtriebwerk auf den Markt zu bringen – doch man war sich nicht sicher, ob dies der richtige Weg war.

Parallel zu den Überlegungen, einen Kleinwagen auf die Räder zu stellen, gab es aber auch konkrete Pläne, eine Limousine mit einem 2-Liter-Sechszylinder zu bauen. Schließlich hatten die Münchner mit ihren letzten Vorkriegsmodellen eine eher noble Kundschaft bedient, die an die leistungsstarken und komfortablen Sechszylinder gewöhnt

war. Und so konzentrierte man sich auf die Konstruktion einer eher größeren, repräsentativen Limousine, von der bereits im Mai 1950 ein erster Entwurf an das Licht der Öffentlichkeit gelangte. Doch es dauerte bis zum Herbst 1951, bis der mittlerweile **501** getaufte Wagen auf der IAA in Frankfurt Premiere feiern konnte.

Aber der IAA-Prototyp war weder serienreif noch die Karosseriepressen einsatzfähig. Es sollte nochmals ein Jahr dauern, bis die Stuttgarter Karosseriefirma Baur die ersten 2.000 Blechkleider nach München liefern konnte, von wo aus im Dezember 1952 endlich die ersten 49 Fahrzeuge an die bereits sehnsüchtig wartenden Kunden verteilt wurden. Im Jahr darauf wurden 1.645 Einheiten montiert – doch den Verantwortlichen war längst klar geworden, dass der 1.340 Kilogramm schwere 501 mehr als die 72 zur Verfügung stehenden PS benötigte, um die Führer des Wirtschaftswunders von dem neu entstandenen Mercedes-Benz 300 in die BMW-Niederlassungen zu locken.

Alle Beteiligten wussten, dass der nicht sehr temperamentvolle und dennoch teure 501 – für den etwa 15.000 Mark bezahlt werden mussten – einen stärkeren Motor benötigte, der auch in den Jahren von 1949 bis 1954 zur Serienreife entwickelt wurde. Der 2,6-Liter-Motor war nicht nur der erste deutsche Achtzylinder-V-Motor der Nachkriegszeit, sondern er bot auch noch das erste Triebwerk aus Leichtmetall. Und mit den 100 PS, die der **502** nun besaß, konnte eine Höchstgeschwindigkeit von 162 km/h erreicht werden – Temperament war also genug vorhanden. Dass der Preis mit 16.450 Mark zudem noch knapp 4.000 Mark unter dem des 300er Mercedes lag, machte das bayerische Angebot nur attraktiver.

Natürlich gab es von diesem Traumauto in geringsten Stückzahlen noch Coupé- und Cabriolet-Varianten, die heute praktisch unbezahlbar sind, aber mit dem **503** und **507** gelangen BMW zwei weitere Steigerungen, die zu den schönsten Fahrzeugen der fünfziger Jahre überhaupt gehören – und von 1955 bis 1959 nur in homöopathischen Dosen entstehen sollten.

Der **507** entstand nicht zuletzt deswegen, weil die Stuttgarter Konkurrenz mit dem 300 SL einen exotischen Traumwagen geschaffen hatte, der sich vor allem auf dem finanzkräftigen US-Markt hervorragend zu verkaufen schien. Als Max Hoffmann, der ehemalige Mercedes-Benz-Importeur (der von Jaguar über Mercedes, Porsche und Facel-Vega alle teuren Marken in die USA gebracht hatte) den Vertrieb von BMW übernahm, forderte er ein BMW-Pendant zum 300 SL.

Für die rassige Form zeichnete der deutsche Designer Albrecht Graf Goertz verantwortlich, dem der zweisitzige 507-Roadster, von dem es auch ein paar Coupés gab, besonders glückte. Ganze 252 Exemplare entstanden nur von diesem Typ, der mit seinem Einstandspreis von 26.500 Mark (für das Hardtop, das den Namen Coupé-Aufsatz trug, mussten 1.500 Mark mehr bezahlt werden) nur für wenige erschwinglich war. Um die Fahrleistungen der sensationellen Form anzupassen, wurde natürlich auch der Motor überarbeitet, der in der US-Version 165 PS (und in Deutschland 150 PS) leistete und damit bis zu 220 km/h Höchstgeschwindigkeit erreichte. Dies begeisterte auch einen gewissen Elvis Presley derart, dass er während seiner Militärzeit in Deutschland in einem 507 herumfuhr.

Mitte der fünfziger Jahre wies BMW ein hochkarätiges Modellprogramm auf, das Limousinen, den 503 als Coupé und Cabriolet sowie den 507 umfasste.

Das BMW 503-Cabriolet stammte – wie der 507 – aus der Feder des Designers Albrecht Graf Goertz.

Es gibt aus dieser Zeit nur wenige Fahrberichte des BMW 507 – einer von ihnen erschien in der Frühjahrsausgabe der „Motor-Revue" im Jahr 1957, und der Chefredakteur Hans Ulrich Wieselmann beschrieb den Roadster als „formal gänzlich ungewöhnlich, unteutonisch. Er war – und ist – in seinem Äußeren von einem geradezu herausfordernden ‚Sport-Appeal', exakt aussehend wie die Vorstellung von etwas ganz Schnellem, dabei, nicht ohne Absicht von seinem Styler, dem Grafen Görz (Wieselmann schrieb von dem Grafen in dieser Form), betont sexy und selbstbewusst in seiner knappen, eng anliegenden Haut." Der insgesamt vier Seiten lange Fahrbericht beschreibt etliche tief in die Tech-

„Betont sexy und selbstbewusst in seiner knappen, eng anliegenden Haut" – so beschrieb die Fachzeitschrift „Motor-Revue" 1957 den in nur 252 Exemplaren entstandenen BMW 507.

nik gehende Details – und kommt letztlich zu dem Fazit: „Vom Fahreindruck her ist der BMW 507 ein durchaus positives Auto, das hohe Dauergeschwindigkeiten auf der Autobahn mit ebensolcher Leichtigkeit und Schnelligkeit zulässt wie schnelle Fahrten auf kurviger Landstraße. Auch in nassen Kurven benahm sich der Wagen tadellos und von Grund auf gutmütig, und wenn ich auch die Tellerrad-Lenkung nicht unbedingt für die ultima ratio in Bezug auf angenehmes Fahren halte, so ist ja doch dieser Gesamteindruck ebenso wie der der Fahrsicherheit aus den verschiedensten Komponenten zusammengesetzt, zu denen beispielsweise maßgeblich auch die Bremsen gehören – und da kann sich der Wagen sehen lassen."

Für den Spurt von Null auf 100 km/h gab das Fachblatt 11,1 Sekunden für den 1.330 Kilogramm schweren Wagen an, was in diesen Jahren in die Kategorie „sehr sportlich" gehörte – die Höchstgeschwindigkeit wurde mit 196,5 km/h ermittelt. Und die abschließenden Worte des Fahrberichts lauteten: „Der BMW 507 als sportlicher Wagen eines seit Jahrzehnten für Qualität und technische Kultur berühmten Hauses ist zweifellos kein Auto, mit dem BMW Geld verdient: Er ist vielmehr Repräsentant der traditionell sportlichen, früher wie heute äußerst gediegenen Linie des Hauses. Man sollte seine kleinen Fehler so überarbeiten, dass seine großen Vorzüge noch stärker ins Gewicht fallen."

Auch das viersitzige 503-Coupé und sein Cabriolet-Pendant stammten aus der Zeichenfeder von Albrecht Graf Goertz (der später mit dem Nissan ZX den erfolgreichsten Sportwagen aller Zeiten entwarf). Goertz hatte für diesen eleganten Reisewagen eine eher zurück-

haltende Form mit der typischen BMW-Niere an der Front gefunden, doch aller Luxus und alle technische Raffinesse (die Karosserie war aus Aluminium, und das Cabriolet besaß eine hydraulische Verdeckbetätigung) konnte nicht darüber hinwegtäuschen, dass sich das zuerst 29.500 und später 32.950 Mark teure Modell nur mühsam verkaufte. Ganze 273 Coupé- und 139 Cabrio-Käufer konnten ihre 190 km/h schnellen Wagen im Empfang nehmen – hinreißende Modelle, die sich zwar Prominenz wie Sonja Ziemann, Dr. Rudolf Oetker oder der Fürst zu Thurn und Taxis in die Garagen stellte, aber den Münchner Produzenten letztlich nur Verluste in der Firmenbilanz bringen sollten.

Finanziell waren die großen Sechs- und Achtzylinder, von denen knapp 24.000 Exemplare gebaut wurden, nie ein Erfolg – doch sie trugen mit ihrer Solidität, ihrer Eleganz und dem Mythos des ersten Achtzylinders der Nachkriegszeit entscheidend dazu bei, dass BMW wieder eine der ersten Adressen der Republik wurde.

Der Duft der großen weiten Welt war auch in den fünziger Jahren ein wichtiges Verkaufsargument – und so setzten die Zeichner den 507 auch gerne vor ein Flugzeug.

Lincoln Continental

Das Ende aller Heckflossen

Mit der ersten Continental-Generation war Edsel Bryant Ford im Jahre 1938 nicht nur eine der großen Design-Ikonen, sondern auch ein Marketingwunder gelungen. Dieser Continental hatte das Formbewusstsein seiner Zeit neu geschärft und zugleich eine neue Käuferklientel gefunden, die jung, reich und meinungsbildend war – mit ihm hatte sich der Ruf des Hauses Lincoln von „old fashioned" zu elegant-dynamisch gewandelt. Kein Wunder, dass man bei Lincoln zur Produktionsein-

1938 schuf Edsel Bryant Ford mit dem ersten Lincoln Continental eine der großen Design-Ikonen des amerikanischen Autobaus. Bis 1947 sollten 5.324 Limousinen und Cabriolets entstehen.

stellung 1947 und nach 5.324 gebauten und verkauften Exemplaren über eine Fortführung dieser Baureihe nachdachte – zumal die Konkurrenz im Luxuswagensektor immer stärker wurde.

So begann man sich Anfang der fünfziger Jahre mit den ersten Entwürfen für die nächste Continental-Generation zu beschäftigen. Der Design-Wettbewerb, der 1952 intern und extern ausgeschrieben wurde, brachte schließlich einen (internen) Sieger, der – nachdem das Modell als der Continental Mk. II am 6. Oktober 1955 auf dem Pariser Automobilsalon vorgestellt worden war – als weiterer Meilenstein in die automobile Design-Geschichte einging. Der neue Continental hob sich in seiner schlichten Eleganz dramatisch von seiner Konkurrenz ab – und er bewies, dass große Dimensionen auch ohne Chromauswüchse und Formexzesse bewältigt werden konnten. Unter der hinreißenden Karosserie verbarg sich ganz normale Lincoln-Technik, nur hatte man dem 6,0-Liter-Achtzylinder mit Hilfe einer auf 10:1 erhöhten Verdichtung zu 300 PS verholfen, die dem deutlich schwerer gewordenen Gefährt zu einer adäquaten Leistung verhelfen sollten.

Von dem eleganten, aber zu teuren Continental Mk. II sollten nur zwei Cabriolets entstehen – hier das Exemplar von Mrs. William Clay Ford.

Nur ein Jahr war das Lincoln Continental Mk. IV-Cabriolet im Programm – dieses Modell war selbst den nach Größe dürstenden Amerikanern zu mächtig geraten.

Aber die Essenz des Mk. II war nicht die Fahrdynamik, sondern die Eleganz der Karosserie und die außergewöhnliche Qualität: So musste jedes Teil vor dem Einbau eine eigene Funktionsprüfung über sich ergehen lassen. Jeder Continental Mk. II erforderte mehr als doppelt so viele Arbeitsstunden wie ein normaler Lincoln, und dazu wurden auch den Händlern zusätzliche Anstrengungen wie besondere Ausbildung der Mechaniker und Extraausstattungen der Verkaufsräume und Werkstätten abverlangt. Und um den besonderen Anspruch dieses Modells zu unterstreichen, gründete man im Juli 1956 auch die „Continental-Division" als eigene Marke innerhalb des Konzerns. Allerdings wurde diese Sonderabeilung bereits ein Jahr später bei dem Zusammenschluss der Marken Lincoln und Mercury wieder dem Hause Lincoln zugeordnet.

Der Grund für dieses rasche Ende lag darin, dass der Mk. II letztlich nur zwei Jahre – von 1956 bis 1957 – im Angebot war und nach dem Bau von etwa 3.000 Fahrzeugen eingestellt wurde. Schuld an diesem Desaster war letztlich nur der Preis, der mit 9.695 Dollar (1956) und 9.966 Dollar (1957) mehr als 50 Prozent über dem eines Cadillac Serie 75 lag und dazu mehr als doppelt so teuer wie ein Lincoln Premiere Coupé war. Damit stellte der Mk. II den teuersten amerikanischen Wagen seit den Zeiten des legendären Duesenberg dar – und dennoch zahlte Ford bei jedem ausgelieferten Fahrzeug noch 1.000 Dollar drauf. So war es kein Wunder, dass man rasch die Lust verlor, zwei geplante Modellvarianten auf den Markt zu bringen: Während von der viertürigen Repräsentationslimousine mit der Bezeichnung Town Car nur ein 1:1-Tonmodell entstand, wurde von dem Continental-Cabriolet wenigstens ein Exemplar gebaut, das immerhin Mrs. William Clay Ford einige Jahre lang als standesgemäßes Gefährt diente.

Mit dem Continental Mk. II hatte Ford den Versuch unternommen, den Standard der amerikanischen Luxusfahrzeuge auf ein neues Niveau zu heben – was auch technisch gelungen war. Zudem kristallisierte sich der Mk. II als eine der Ikonen des US-Designs heraus. Doch finanziell war er eine Enttäuschung. Es sollte bis 1961 dauern, bis Lincoln wieder – nachdem von 1958 bis 1960 in einer raschen Abfolge die wenig erfolgreichen Mk. III-, Mk. IV- und Mk. V-Modelle erschienen waren – Design-Geschichte schreiben sollte. In diesem Jahr präsentierte Lincoln ein neues Modell, das ebenfalls den prestigeträchtigen Namen **Lincoln Continental** trug.

Mit dem Neuen hatte Lincoln wieder an die Zeiten des Mk. I und Mk. II. angeknüpft.

Vorhergehende Seite:
Der Liebling der
Amerikaner: Von 1961 an
begeisterten sich
Zehntausende von Käufern
für das schlichte viertürige
und viersitzige
Continental-Cabriolet.

Lincoln war stets auch die
Marke der amerikanischen
Präsidenten – hier ein
Exemplar der sechziger
Jahre. Allerdings war nach
dem Attentat auf John F.
Kennedy kein Präsident
mehr ohne das schützende
Glasdach unterwegs.

Mit seinen und ausgewogenen Formen sollte die nächste Continental-Generation das Design der amerikanischen Fahrzeuge der nächsten Jahre entscheidend beeinflussen. Und einmal mehr hatten sich hier die Wege des Ford Thunderbird mit denen von Lincoln gekreuzt, denn als der damalige Ford-Chef Robert McNamara im August 1958 den ersten Entwurf eines neuen zweitürigen Thunderbird-Coupés sah, entschied er sofort, diese bemerkenswerten Linien auf eine viertürige Limousine zu übertragen, die das neue Lincoln-Flaggschiff werden sollte.

Der Wagen etablierte sich auf Anhieb als Kultfahrzeug. Auch das Industrial Designers Institut sah sich gezwungen, den Continental zum Designobjekt des Jahres zu küren, obwohl die Wahl von Automobilen in der Satzung gar nicht vorgesehen war. Mit diesem Wagen hatte Lincoln abrupt das Ende von Chrommassen und Heckflügeln eingeläutet und den Geschmack der Öffentlichkeit über Nacht verändert – auch bei der Konkurrenz verschwanden innerhalb weniger Monate die Heckflossen, als ob sie nie existiert hätten.

Zur Wahl standen eine viertürige Limousine (6.067 Dollar) und ein viertüriges Cabriolet (6.713 Dollar), die beide von einem 300 PS starken 7,1-Liter-Achtzylinder angetrieben wurden. Wie sehr diese Modelle begeisterten, zeigte sich an den Verkaufszahlen: Bereits im ersten Baujahr konnten 22.303 Limousinen und 2.857 Cabriolets abgesetzt werden.

Zu dem hohen Bekanntheitsgrad, den dieses Modell weltweit bis heute besitzt, trug aber zweifellos auch das tragische Geschehen vom

23. November 1963 bei – jener Tag, an dem US-Präsident John F. Kennedy in Dallas erschossen wurde. Ironischerweise hatte der von Ford auf den Chefsessel des Verteidigungsministeriums gewechselte Robert McNamara seinen Präsidenten John F. Kennedy dazu ermuntert, auch weiterhin der Marke Lincoln als Staatskarosse treu zu bleiben. Dass der charismatische Präsident ausgerechnet in der texanischen Stadt auf das kugelsichere Glasdach verzichtete und dadurch den tödlichen Schüssen in seinem Continental-Cabriolet schutzlos ausgesetzt war, hat den Lauf der Weltgeschichte wahrscheinlich stärker beeinflusst, als wir vermuten können.

Das Design dieses Wagens war derart außergewöhnlich, dass es – mit vergleichsweise wenigen Retuschen – bis 1969 beibehalten wurde. Dazu kam 1966 noch ein zweitüriges Coupé. Der Continental war der erste Lincoln seit langem, der in Deutschland – wenn auch nur in kleinen Stückzahlen – im Frühjahr 1963 zum stolzen Preis von 37.850 Mark angeboten wurde. Und bei diesem Modell tauchten 1967 die ersten Stretch-Versionen der Firma Lehmann-Peterson aus Chicago auf: jene Limousinen, die für 17.000 Dollar den Zelebritäten auf den Rücksitzen mit verlängertem Radstand deutlich mehr Innenraum zur Verfügung stellten.

Mit dem Continental produzierte Lincoln ein Fahrzeug, das bis heute den Inbegriff des US-Straßenkreuzers der sechziger Jahre darstellt.

Alfa Romeo Giulietta

Wie aus einer amerikanischen Idee ein Italiener wird

Konzentration aufs Wesentliche: Das Cockpit der Alfa Romeo Giulietta war eher spartanisch gehalten.

Nach dem Zweiten Weltkrieg musste das Mailänder Unternehmen Alfa Romeo nicht nur wieder einen Weg aus den vorhandenen Trümmern finden – gleichzeitig hatte man sich zur Aufgabe gestellt, von nun an Serienmodelle zu fertigen. Dabei spielte ein Mann eine ganz entscheidende Rolle: Orazio Satta Puliga. Geboren wurde der Sohn eines Turiner Arztes sardischer Herkunft und einer Deutschen am 6. Oktober 1910. Nach seinem Maschinenbaustudium am Turiner Politechnikum und dem Abschluss eines Zweitstudiums (Flugzeugbau) arbeitete er zunächst beim Luftfahrttechnischen Institut in Turin. Nach drei Jahren wechselte er zu Alfa Romeo, wo er 1946 zum Direktor der Entwicklungs- und Versuchsabteilung wurde. Zahlreiche der wichtigen Nachkriegsmodelle dieses Autohauses gehen auf sein Konto, unter anderem auch die Idee eines kleinen, sportlichen, luxuriösen Alfa: der Giulietta.

Das Projekt 750 – wie die interne Bezeichnung für die spätere **Giulietta** lautete – startete in einer Zeit, als Fiat den Markt unter anderem mit dem Typ 500 dominierte. Für den Alfa 750 stand im Lastenheft, dass er darüber angesiedelt sein sollte, ausgestattet mit einem 1,3-Liter-Motor und einer Leistung von 50 PS. Puliga und sein Team verlegten sich bei der Entwicklung des Triebwerkes auf Leichtbaukomponenten. Der Motorblock sollte aus Leichtmetall sein, Getriebe- und Differenzialgehäuse aus Aluguss. Für die Karosserie zeichnete Nuccio Bertone verantwortlich. Bereits drei Jahre nach der ersten Idee für einen 750er konnte am 20. April 1954 die erste Giulietta beim Turiner Autosalon der Öffentlichkeit gezeigt werden. Die sportliche Version – Sprint genannt – kam so gut an, dass dreimal so viele Bestellungen eingingen, als man erwartet hatte. Bereits ein Jahr später zeigte Alfa dann die Limousinen-Version: Giulietta Berlina. Und innerhalb kürzester Zeit war dann auch die offene Giulietta auf dem Markt.

Schließlich standen die fünfziger Jahre bereits im Zeichen der erfolgreichen offenen Wagen, wie des Porsche 356 oder der SL-Baureihe von Mercedes-Benz. Als Alfa einen Design-Wettbewerb für einen attraktiven Spider ausschrieb, beteiligte sich außer Bertone auch der italienische Automobildesigner Giovanni Battista Farina, besser bekannt unter dem Namen Pininfarina. Bertones Vorschlag war gekennzeichnet von harmonischen Rundungen, angedeuteten Heckflossen und Heckleuchten unter Plexiglas. Dabei orientierte er sich an den britischen, recht spartanisch ausgestatteten Wagen: So hatte sein Modell Steckscheiben und ein einfaches, ungefüttertes Dach. Auch Pininfarina interpretierte die Idee zu einem Spider ziemlich kompromisslos. Er war der Überzeugung, dass Spider-Fahrer durchaus ihre Steckscheiben im Kofferraum verstauen konnten und dass ein simples Fetzendach genüge. Seinen Entwurf lehnte er an amerikanischen Vorgaben an, was bedeutete, dass er seinem Spider eine gebogene Panoramascheibe und geschwungene Stoßstangen spendierte.

Nur ein halbes Jahr nach Ausschreibung des Wettbewerbs wurden beide Fahrzeuge den Verantwortlichen bei Alfa Romeo vorgeführt. Den Zuschlag erhielt der Entwurf Pininfarinas, allerdings mit der Vorgabe, den Wagen weniger amerikanisch zu gestalten. Dieser Rat kam vom amerikanischen Alfa-Importeur Max Hoffmann, der der Überzeugung war, dass gerade die Amerikaner den Charme der europäischen Sportwagen liebten und deshalb zu viele Amerikanismen zu vermeiden wären. Auf sein Konto soll auch die Entscheidung zurückgehen, dass die offene Giulietta Scheiben zum Kurbeln bekam. Als im Herbst 1955 beim Pariser Autosalon nun der Spider gezeigt wurde, waren Panoramascheibe und ausladende Instrumentierungen verschwunden. Außer den überdimensionierten Stoßstangenhörnern – in Form von Torpedos – war das Pariser Modell dem Serienfahrzeug schon sehr nahe.

Für den Spider waren in Italien 1,9 Millionen Lire zu berappen, in Deutschland kostete die offene Giulietta 13.980 Mark – ohne Heizung (für sie mussten 280 Mark zusätzlich investiert werden). Für diese

Erstmals präsentiert wurde die Giulietta auf dem Pariser Autosalon 1955. Ab 1956 war dann die Serienversion des Spider zu haben, heute einer der ganz großen Auto-Klassiker.

Summe bekam man nicht nur einen sehr schicken und sportlichen Wagen, sondern auch ganz beachtliche Leistungen. Der Wagen wog nur 830 Kilogramm und war damit der leichteste seiner Baureihe. Die kompakten Maße des Spider (3,86 Meter lang) ließen auch den Radstand von 2,38 Meter auf 2,20 Meter schrumpfen. Als Antrieb diente zunächst der im Sprint verwendete wassergekühlte Reihenvierzylinder mit 65 PS – die Pferdestärken wurden im Lauf der Jahre auf 70 beziehungsweise 80 PS erhöht.

Als nun im Frühjahr 1956 die endgültige Version des **Spider** beim Turiner Autosalon stand, war er zwar immer noch puristischer und funktionaler als der Sprint, doch nicht mehr ganz so einfach, wie ihn sich Pininfarina erdacht hatte. Es fehlten allerdings die später noch folgenden Dreiecksseitenscheiben, die Rückleuten fielen recht zierlich aus, und der Beifahrersitz war fest mit dem Boden verschraubt. Der längs verschiebbare Beifahrersitz sollte 1958 folgen, Anfang 1959 ergänzte man die Spider-Türen mit den Dreiecksfenstern. Damit war auch das Problem der Undichtigkeit zwischen Windschutzscheibenrahmen und Seitenfenstern beseitigt. Liebevolle Details wie eine Chromleiste in der Mitte der Motorhaube, ein Chromgriff mit Schloss und ein aufge-

Zierliche Leuchten und angedeutete Heckflossen betonten die Eleganz des Spider.

schraubtes emailliertes Alfa-Emblem für den Kofferraumdeckel sowie die prägnanten Stoßstangenhörner waren typisch für den Giulietta Spider. Überhaupt waren hier mit Chrom Akzente gesetzt worden.

Eine stärkere Version des Spider folgte kurz nach der Einführung des Basiswagens. Der **Giulietta Spider Veloce** (Typenbezeichnung 750 F) leistete bei 1,3 Litern Hubraum 90 PS. Der offene Sportwagen unterschied sich von seinem schwächeren Bruder äußerlich in nichts, nur ein Blick in den Motorraum oder auf den Tacho, der bis 220 km/h ging, gab Aufschluss über die höhere Leistung. Vom Veloce wurden bis 1959 gerade einmal 1.253 Stück gefertigt.

Das Jahr 1959 steht auch für eine weit reichende Veränderung der Giulietta-Bauserie, bei der aus dem Typ 750 die Reihe 101 wurde. Technische Modifikationen am Motor waren ebenso vorgenommen worden wie die Überarbeitung der Karosserie. Die Leistung stieg beim Basis-Spider auf 90 PS, während der Veloce nun mit 112 Pferdestärken aufwarten konnte. Am augenfälligsten war eine optische Änderung, die allerdings technisch bedingt war. Mit der Einführung der 1,6-Liter-Variante brauchte der Motor mehr Platz unter der Haube, da bei einigen Versuchsfahrzeugen die Ventildeckel mit der Motorabdeckung in Kontakt getreten waren. Um dies zu vermeiden, entscheid man sich bei Alfa, der Haube einen Buckel zu verpassen und das Ganze mit einem imitierten Lufteinlass zu tarnen.

Auch wenn die Fangemeinde des Giulietta Spider diese Neuerung nicht recht goutieren wollten, so war der offene Alfa-Sportwagen trotzdem ein Erfolg. Der Spider hatte sich nicht nur auf dem US-Markt durchgesetzt – auch in Deutschland verkaufte sich der kleine schnelle Italiener recht gut. Insgesamt wurden vom Giulietta Spider – bis seine Produktion 1962 eingestellt wurde – mehr als 17.000 Stück verkauft. Damit hatte Puliga sein Ziel, Großserienfahrzeuge zu bauen, sogar mit einem offenen Alfa-Romeo-Sportwagen erreicht.

Das Design von Pininfarina orientierte sich an amerikanischen Vorbildern, wie die verchromten, geschwungenen Stoßstangen und die Panoramascheibe dokumentieren.

Mercedes-Benz 300 SL
Roadster

Elegant mit Rennmotor

Anfang der fünfziger Jahre hoffte Deutschland wieder darauf, in der Welt als Partner akzeptiert zu werden – und zu den besten Möglichkeiten, für sich zu werben, gehörte ohne Frage der Motorrennsport. Kaum ein anderer außer Mercedes-Benz hätte damals die Aufgabe übernehmen können, auf den Rennstrecken anzutreten.

So tauchte Mercedes-Benz 1952 mit dem legendären **300 SL**, der innerhalb von nur acht Monaten auf der Basis der 300er-Limousine entwickelt worden war, erstmals wieder auf Europas Rennstrecken auf. Der Reihensechszylinder leistete nun 175 PS, und um diesen Rennmotor hatte der Technik-Vorstand Fritz Nallinger mit seinen Ingenieuren einen hochfesten, aber dennoch äußerst leichten Rohrrahmen konstruiert. Eine elegante Coupé-Karosserie baute sich darauf auf, deren besonderer Clou die sich nach oben öffnenden Flügeltüren waren. Zu dieser ungewöhnlichen und aufsehenerregenden Lösung waren die Techniker eher ungewollt gekommen – nachdem der Rohrrahmen an der Seite weit nach oben gezogen werden musste, um die maximale Torsionssteifigkeit zu gewährleisten, blieb für *normale* Türen einfach kein Platz mehr übrig.

Der Flügeltürer trat 1952 bei fünf der wichtigsten Rennen des Jahres an, und belegte nur bei dem ersten Auftritt, der legendären „Mille Miglia" in Italien, Rang zwei (weil ein klemmender Zentralverschluss bei einem Reifenwechsel zu viel Zeit kostete). Alle anderen vier Rennen – der „Große Sportwagenpreis von Bern", die „24 Stunden von Le Mans", der „Sportwagenpreis" auf dem Nürburgring und die berüchtigte „Carrera Panamericana" quer durch Mexiko – beendete der Neuling als Sieger. Kein Wunder, dass Mercedes-Benz am Ende dieses Jahres wieder weltweit einen beeindruckenden Ruf aufgebaut hatte.

Genau dieser Ruf war es wohl, der den amerikanische Mercedes-Benz-Vertreter Max Hoffmann dazu bewog, das Werk in Stuttgart um eine straßentaugliche Version des 300 SL zu bitten. Der geschäftstüchtige Österreicher, der vor dem Krieg in die USA emigriert war, zeigte sich überzeugt, ein solches Modell problemlos verkaufen zu können. Doch der MB-Vorstand war kritisch: Wer sollte schon für einen gezähmten Rennwagen viel Geld ausgeben? Angeblich hat Maxie Hoffmann sogar eine Bestellung über 1.000 Fahrzeuge des Typs 300 SL in Stuttgart hinterlegt. Aber abgesehen davon, dass ein Auftrag dieser Art bis heute nicht im Stuttgarter Archiv gefunden wurde, erinnerte sich auch Heinz Hoppe – von 1954 an Vertreter der Stuttgarter in den USA, dann lange Jahre Chef von „Daimler-Benz of North America" und später Vorstands-

Die straßentaugliche Version des Flügeltürers konnte ab 1954 käuflich erworben werden. Erst drei Jahre später folgte der Roadster.

mitglied in Stuttgart – an kein derartiges Angebot: „Maxie war ein genialer Verkäufer mit einem absoluten Gespür für das, was sich verkaufen lassen würde. Er war jedoch intelligent genug, keinen Vertrag für 1.000 unverkaufte Autos zu unterschreiben. Was wahr ist, ist die Tatsache, dass Hoffmann den Markt erahnte und permanent drängte, den Wagen zu bauen, da er seine reiche Klientel kannte."

Das Ergebnis war eine der großen Legenden der Automobilgeschichte, die auf der „International Motor Sports Show" in New York vom 6. bis zum 14. Februar 1954 seine Weltpremiere feierte. Hier stand der *Gullwing* – oder *Mövenschwinge* –, wie ihn die Amerikaner sofort poetisch tauften, zusammen mit dem gleichzeitig präsentierten 190 SL erstmals vor den kritischen Augen der Öffentlichkeit. Und die Amerikaner liebten den Wagen auf Anhieb – etwa 80 Prozent der 1.400 gebauten Flügeltürer und rund 70 Prozent der 1.858 gebauten Roadster gingen in die USA.

Als 1954 die ersten 146 Exemplare ausgeliefert wurden, mussten für den Erwerb 29.000 Mark bezahlt werden. Die Fahrgestellkonstruktion wurde original von dem Rennwagen des Jahres 1952 übernommen, nur die Spurbreiten wurden geändert: Sie lag nun vorne bei 1.240 mm und betrug an der Hinterachse 1.435 mm. Der komplizierte Rohrrahmen wurde nur leicht verändert, damit er einfacher zu produzieren war und damit das Heck noch ein wenig verstärkt werden konnte – das Gewicht des Rahmens lag nun bei 82 Kilogramm.

Mit dem 300 SL schrieb Mercedes-Benz Design- und Technikgeschichte – nie zuvor hatte es einen Sportwagen mit Rohrrahmen und Einspritzmotor gegeben, der direkt von der Rennpiste auf der Straße gelandet war. 1957 folgte auf das eher martialische 300 SL Coupé der 300 SL Roadster, von dem bis zum Februar 1963 immerhin 1.858 Exemplare gebaut wurden.

Die meisten Verkehrs-
teilnehmer in den fünfziger
und sechziger Jahren
bekamen den 215 PS
starken 300 SL Roadster
mit seinen immerhin
230 km/h Höchstgeschwin-
digkeit nur von außen zu
Gesicht.

„Diesen Wagen zu fahren ist ein Erlebnis! Die hervorragende Straßenlage, der starke, sportliche Motor, eine leichte, minutiöse Lenkung und
wirkungsvolle Bremsen erlauben es, mit diesem Fahrzeug hohe und
höchste Geschwindigkeiten zu fahren, die geradezu nur noch vom
menschlichen Können und nicht mehr von der Leistung des Motors
begrenzt werden." So schilderte die Daimler-Benz AG in ihrer Verkaufs-
information „Im Scheinwerfer" das Erscheinen des „schnellsten deutschen Sportwagens". Und in der Tat ist der erste serienmäßige Einspritzmotor der deutschen Automobilgeschichte, der (je nach Überset-
zung) bis zu 265 km/h erreichte, ein bis heute ungewöhnliches Auto.

Der 215 PS starke 3-Liter-Reihensechszylinder brillierte durch Leistung in allen Drehzahlbereichen – und auch heute noch kann man, sofern man mit der gewöhnungsbedürftigen Pendelachse und den nicht

mehr ganz zeitgemäßen Bremsen
umzugehen vermag, mit dem
300 SL beachtliche Durchschnitts-
geschwindigkeiten erreichen. Nach
Aussagen der Glücklichen, die einen
300 SL besitzen, ist der Wagen auch
45 Jahre nach seiner Präsentation
absolut alltagstauglich.

Der Mythos des 300 SL resul-
tiert aber nicht nur aus der legendären Siegesserie von 1952 und
dem einzigartigen Design mit den
sich gen Himmel streckenden Türen
– dazu kommt auch die Rarität und
die für damalige Verhältnisse nahezu unfassbaren Fahrleistungen: In
jenen Tagen erreichte ein VW-Käfer
115 km/h, ein Porsche etwa 160
km/h – bei der Geschwindigkeit
hatte der SL-Fahrer gerade in den
dritten Gang geschaltet, und er
konnte noch weitere 100 km/h zu-
legen. Kein Wunder, dass sich alle
Reichen und Bedeutenden dieser
Erde diesen legitimen Erben eines
Le-Mans-Siegers in die Garage
stellen mussten.

1957 wurde die Produktion
dann eingestellt. Der Vorstand war
der Meinung, dass die werten Käufer nun ein offenes Gefährt verdient
hätten – Heinz Hoppe: „Der überragende Teil der Produktion ging ja in
die USA, und Max Hoffmann äußerte immer wieder die Überzeugung,
dass sein Publikum etwas mehr
Komfort, etwas mehr Kofferraum,
etwas mehr Frischluft schätzen

würde. Also wurde über einen Roadster nachgedacht. Warum wir zur selben Zeit die Produktion des Coupés beendeten, kann ich heute nicht mehr sagen. Vielleicht erschien uns das Coupé auch schon als altmodisch. Vielleicht wollten wir auch, nachdem der Motorsport ja bereits zwei Jahre zuvor eingestellt worden war, das Coupé nicht länger im Programm haben".

Und so wurde der Flügeltürer durch den 300 SL Roadster abgelöst, der bis zum Februar 1963 zum Preis von 32.500 Mark als luftiges Pendant zu dem doch sehr maskulinen Coupé im Programm blieb. Bei der Präsentation im Frühjahr 1957 auf dem Genfer Automobilsalon wählte Daimler-Benz die folgende Definition: „Mit dem Typ 300 SL-Roadster erfüllt die Daimler-Benz AG den in vielen Ländern geäußerten Wunsch nach einem besonders schnellen, komfortablen, offenen Tourenwagen."

Damit der Wunsch nach mehr Komfort verwirklicht werden konnte, mussten die markanten Flügeltüren richtigen Türen weichen. Und da der bislang verwendete Rohrrahmen zu hoch war, um die nun gewünschten, vorne angeschlagenen Türen zu realisieren, musste der filigrane Rahmen modifiziert werden. Am Radstand wurde nichts verändert, dafür erweiterte man die Spurweiten vorne auf 1.400 mm und hinten auf 1.450 mm. Von der Stoßstange bis zum Cockpit blieb der Rahmen praktisch unverändert – dahinter wurde er wesentlich niedriger und kompakter gestaltet, um die gewünschten Türen und einen größeren Kofferraum zu ermöglichen.

Damit die Verwindungssteifigkeit nicht schlechter wurde, bekam der Rahmen des Roadsters manch zusätzliches Rohr eingepasst – dies war auch einer der Gründe, warum die offene Version gegenüber dem Coupé um etwa 100 Kilogramm an Gewicht zulegte und weshalb der immerhin 230 km/h schnelle Wagen gerne mit dem Kosenamen „Das rollende Wohnzimmer" bedacht wurde. Dazu kam hier auch erstmals die Eingelenk-Pendelachse zum Einsatz, während das Triebwerk mit dem des Coupés identisch war. Kurz vor Ende der Produktion wurden dann im Frühjahr 1961 noch Dunlop-Scheibenbremsen in die Serie übernommen.

Der Roadster war sicherlich der komfortablere und praktischere 300 SL. Das Stoffdach ließ sich mit wenigen Handgriffen unter einer fest abdeckenden Verkleidung versenken – und wer im Winter mehr Komfort wünschte, konnte zu einem Hardtop greifen. Der Reihensechszylinder röhrte ganz typisch vor sich hin und war nun, bei Sonnenschein und blauem Himmel, besser als je zuvor zu hören.

Von diesem vor Kraft strotzenden Roadster sollten 1.858 Exemplare gebaut werden – faszinierende Fahrzeuge, für die heute exorbitante Preise gezahlt werden. Doch die Flügeltürer-Liebhaber verziehen es dem Roadster nie, dass er richtige Türen hatte und dass er, von dem Gewinn der Sportwagenmeisterschaft der Kategorie D des „Sports Car Club of America" mit Paul O´Shea am Steuer einmal abgesehen, keine Siegeslorbeeren anhäufen konnte.

Der 300 SL ist es bis heute eines der wichtigsten Fahrzeuge der Automobilentwicklung, weil er Technik-, Design- und Renngeschichte geschrieben hat – eine Mischung, die nur ganz wenige Fahrzeuge bieten können.

Ein liebevolles Detail: der auf den Kotflügel aufgesetzte Rückspiegel des 300 SL.

Ferrari 250 GT
Cabriolet

Der Ferrari für Genießer

Jedes dieser Cabriolets war mehr oder weniger ein Unikat – hier einer der Prototypen von Pininfarina aus dem Jahr 1957.

Über Enzo Ferrari ist derartig viel geschrieben worden, dass es schon außergewöhnlicher Quellen bedarf, um eine neue – oder zumindest nicht so bekannte – Anekdote anzubringen. Eine dieser raren, eher unbekannten Geschichtchen erzählte der unvergleichliche Sir Peter Ustinov: „Mein Freund Mike Hawthorn saß im Frühjahr 1957 im Büro

des großen Meisters, als dieser per Telefon vom tödlichen Unfall von Eugenio Castellotti erfuhr. Ferrari nahm den Hörer ab, stutzte, als er die traurige Botschaft vernahm – um sich dann, mit dem ganzen Leid einer gequälten Seele zu folgenden Worten hinreißen zu lassen: ‚Castellotti?' Pause. ‚Morte?' Und nach einer weiteren, sehr kurzen Pause: ‚E la màcchina?' "

Ein Telefonat, das uns zumindest eines lehrt: Ferrari war ein Pragmatiker.

Was blieb ihm auch anderes übrig? Bis zu dem Verkauf seiner Firma an Giovanni Agnelli und dessen Fiat-Konzern baute er – innerlich eher unbeteiligt – hinreißende Straßenfahrzeuge, die letztlich nur dazu dienten, seine Rennleidenschaft zu finanzieren. Dass diese Modelle, die zu Beginn der fünfziger Jahre in kleinsten Stückzahlen von jährlich weit unter 100 Exemplaren entstanden, in den Händen vieler Privatfahrer für zusätzlichen Ruhm sorgten, war ihm nur recht – eine Werbung, für die die Kunden selbst zahlten, passte perfekt zu seinem stets unterfinanzierten Unternehmen.

Doch dann tauchte eine neue Klientel auf: reiche Männer und Frauen mit einem hohen Sinn für Ästhetik, die den Klang eines Zwölf-zylinders mit dem einer Stradivari verglichen – und die erkannt hatten, dass in Maranello ein Stück Automobilkultur geschrieben wurde. Und da diese Menschen sich gerne auch an den sonnigen Gestaden mondä-ner Küstenorte am Mittelmeer oder in Kalifornien und Florida aufhiel-ten, begann Pininfarina 1957 mit der Produktion eines Cabriolets auf der Basis des **250 GT**, der bereits von 1954 an in kleinsten Stückzahlen als Coupé ausgeliefert worden war.

Eigentlich hatte ja bereits die Carozzeria Boano 1956 die Idee ge-habt, auf der Basis des 220 PS starken 250 GT mit 2,60 Meter Radstand ein Cabriolet zu bauen – doch das Ergebnis, das Boano auf dem Genfer Automobilsalon vorstellte, wollte nicht so recht überzeugen. Dieses Gefährt stachelte aber den Ehrgeiz von Battista Pininfarina an, der im März 1957 seine Version eines roten **250 GT Cabriolet**s präsentierte.

Diese Studie gelang derart meisterlich, dass sich relativ rasch der Wunsch herauskristallisierte, dieses Schmuckstück ebenfalls in einer kleinen Serie zu bauen. Die Turiner hatten ihrer Studie eine wunderbar langgezogene Motorhaube mit einer großen Lufthutze gegeben, an das sich ein enges, kuscheliges Cockpit mit zwei tanfarbenen Ledersitzen anschloss. Das Heck selbst war glatt und sauber mit zwei messerschar-fen Kotflügeln gestaltet, in denen die Rückleuchten integriert waren. Die zwei aus dem Rennsport übernommenen verkleideten Scheinwerfer gaben der Front eine betont maskuline Note. Der besondere Gag war jedoch die Fahrertür, die am oberen Rand über einen tiefen Ausschnitt, ähnlich dem von früheren MG-Roadstern, verfügte.

Kein geringerer als Ferrari-Werksfahrer Peter Collins war von die-ser Design-Studie mit fehlenden Seitenfenstern – nur ein dünnes Stoff-dach schützte rudimentär vor Regen – derart angetan, dass er sie sofort erwarb und in „british racing green" umlackieren ließ. Dieser Prototyp schrieb aber nicht nur durch seine Form und seinen prominenten Erst-besitzer Ferrari-Geschichte, er sorgte auch – in den Händen von Collins – dafür, dass Enzo Ferrari ernsthaft anfing, sich über Scheibenbremsen Gedanken zu machen. Peter Collins ersetzte nämlich bei seinem Spider

Für 59.275 Mark konnte man 1958 dieses Traum-Cabriolet erwerben – und mit 240 km/h Höchstgeschwindigkeit jeden Porsche abhängen.

in Großbritannien sofort die serienmäßigen Aluminiumtrommelbremsen durch Dunlop-Scheibenbremsen, und er ließ auch die Dunlop-Aluminiumfelgen des Jaguar D-Type montieren.

Kein Wunder, dass Enzo Ferrari den modifizierten Wagen beim nächsten Besuch in Maranello sofort seinen Technikern hinstellte – und die ihren Chef wiederum nach ausführlichen Versuchen davon überzeugen konnten, doch auch seine Fahrzeuge auf die effektiveren Scheibenbremsen umzurüsten. Ein Schritt, der ihm nicht leicht fiel, denn er war eigentlich der Meinung, dass nur der Motor bei einem Wagen wichtig sei – Fahrwerk, Aerodynamik und Bremsen standen auf seiner Prioritätenliste bis in die frühen sechziger Jahre eher weiter hinten.

Pininfarina baute dann im Jahre 1957 noch drei weitere Design-Prototypen, von denen der zweite mit seiner extrem flachen Perspex-Windschutzscheibe und einer stromlinienförmigen Kopfstütze die Bezeichnung **Spyder Competitione** bekam. Doch wurde nie ernsthaft an eine Wettbewerbsversion gedacht – dies sollte, wenn auch nur in wenigen Exemplaren, dem 250 GT California Spyder vorbehalten bleiben. Mit dem dritten und vierten Prototyp kristallisierte sich langsam die klassisch-elegante Form heraus.

Es war ein Amerikaner, der den ersten Wagen übernahm – im Herbst 1957 bekam Oscar Olson die Schlüssel für das erste Serien-Cabriolet überreicht. Doch die 36 gefertigten Exemplare dieses Wagens unterschieden sich in Details praktisch alle voneinander. Sergio Pininfarina erinnerte sich in den achtziger Jahren, wie es zu dieser Vielfalt an Detailänderungen gekommen war: „Mein Vater hatte die Idee, Prototypen in kleinen Serien zu produzieren. Weniger, weil er an dem damit verbundenen Geschäft interessiert war, sondern mehr auf Grund seiner Überzeugung, dass ein in einer kleinen Serie gefertigter Wagen dem Designer die Chance gab, Gestaltungsfehler zu korrigieren."

Nun gehört schon viel Phantasie dazu, dem **250 GT Cabriolet** Designschwächen zu attestieren, doch Pininfarina spielte bei den 36 bis 1959 gebauten Fahrzeugen mit Details wie den Stoßfängern (komplett, als Bumper oder ohne) oder den Scheibenwischern (beide nach rechts oder nach außen angelenkt), und dazu gab es bei manchen Fahrzeugen auch die von den Sport-Berlinettas bekannten seitlichen Entlüftungsöffnungen. Und am Armaturenbrett bestand die Wahl zwischen Leder und in Wagenfarbe lackiertem Aluminium.

Unter der Motorhaube arbeitete der 3-Liter-Zwölfzylinder der Typen 128/B, 128/C und 128/D mit drei Weber-Doppelvergasern des Typs 36 DCL3 – eine

Das klassische italienische Armaturenbrett besteht aus großen Rundinstrumenten von Veglia – und davor hat ein Nardi-Holzlenkrad zu thronen.

Mischung, die laut Verkaufsprospekt 240 PS bei 7.000/min ergaben und über ein direkt an den Motor angeblocktes Vierganggetriebe mit Porsche-Synchronisation an die Hinterachse (vier verschiedene Hinterachsübersetzungen standen zur Wahl) geliefert wurden. Eine Leistung, die von den Insidern stets angezweifelt wurde – sie gestehen diesem Motor zwischen 220 und 240 PS zu, letzteres allerdings nur bei einem besonders guten Triebwerk. Das maximale Drehmoment von 27 mkg stand bei 5.000/min an – allerdings hatten die 220 bis 240 Cavalli und das Drehmoment mit einem Leergewicht von etwa 1.300 Kilogramm zu kämpfen, und so wurden die werksseitig angegebenen 240 km/h und die Beschleunigung von Null auf 100 km/h in 7,5 Sekunden wohl nur unter besten Bedingungen erreicht.

Von den 36 ausgelieferten Fahrzeugen bestellten nur zwei Käufer ihr Exemplar mit Rechtslenkung. Während der letztere nach Hong Kong ausgeliefert wurde (und mittlerweile in Deutschland steht), ging der erste mit schwefelgelber Lackierung und grünem Interieur nach Johannesburg in Südafrika. Diese ungewöhnliche Farbzusammenstellung hat Ende der achtziger Jahre den damaligen Besitzer des Cabriolets dazu bewogen, den Wagen in graumetallic neu lackieren zu lassen – was dem eleganten Fahrzeug ausnehmend gut steht.

59.275 Mark verlangte der Importeur Auto-Becker 1958 für dieses Schmuckstück – ein Preis, von dem wir heute nur träumen können. Allerdings waren 59.275 Mark damals viel Geld, denn für einen VW mussten „nur" 3.790 Mark aufgebracht werden, und für 12.700 Mark hatte man bereits einen Porsche 1600-Coupé in der Garage stehen.

Was für eine Frontpartie: Mit den verkleideten Scheinwerfern, den perfekt in den Kühlergrill integrierten Nebelscheinwerfern und der großen Lufthutze bot das 250 GT Cabriolet mehr als ausreichend Überholprestige.

Karmann-Ghia
Cabriolet

Die erste Idee war richtig

Schon lange waren die Deutschen sonnenhungrig gewesen, hatten Italien bereits für sich entdeckt, und die Automobilindustrie schickte sich an, alle Bedürfnisse ihrer Kunden kontinuierlich zu befriedigen. Aus dieser Situation heraus war in Osnabrück bei Wilhelm Karmann die Idee für ein Auto entstanden, das Eleganz und Sportlichkeit mit bewährter Technik verbinden sollte – in Form des Karmann-Ghia.

Dass der Ghia italienische Lebensart verkörperte, war nicht ungewöhnlich, denn schließlich war ein Design-Büro jenseits der Alpen nicht unmaßgeblich an seiner Entstehung beteiligt. Doch zunächst – Anfang der fünfziger Jahre – entstand die Idee für ein schön geformtes Auto auf Käfer-Chassis in Osnabrück. Dort war Wilhelm Karmann Vorsitzender

der Geschäftsführung des gleichnamigen Karosseriewerkes, und ihm schwebte in Gedanken ein Roadster vor, der aber nicht nur den Rahmen des Käfers haben sollte, sondern vor allem die bewährte und unverwüstliche Technik des Wolfsburger Verkaufsschlagers. Da Karmann über das Käfer-Cabriolet, das seit 1949 gebaut wurde, bereits in Kontakt mit VW stand, trat er an Heinrich Nordhoff mit seinen Vorstellungen heran. Dank einer Statistik, nach der kleine Roadster beim Export in die USA einen Boom erleben würden, konnte Karmann Interesse beim VW-Verantwortlichen wecken, und er wurde beauftragt, erste Entwürfe und Skizzen anfertigen zu lassen. Doch als sich die Aufgabe, auf der vorgegebenen VW-Bodengruppe ein schnittiges Auto aufzuziehen, als schwierig erwies, Nordhoff zudem von den ersten Ausführungen eher unberührt blieb, suchte Karmann bei den Italienern Unterstützung.

Dabei wählte er die Karosserieschmiede „Carozzeria Ghia", dessen Chef, Luigi Segre, Karmann von zahlreichen Automobilmessen her kannte. Segre selbst war zu dieser Zeit, als Karosserieschneider wegen der Entwicklung selbsttragender Blechkleider eher einen schweren Stand hatten, über jeden Auftrag dankbar. Im Frühjahr 1953 beim Genfer Automobilsalon versprach Segre, als er das Problem vorgetragen bekam, sich um einen Entwurf zu kümmern. Nur ein halbes Jahr später – zur Zeit des Pariser Automobilsalons – ließ Segre Wilhelm Karmann zu einer Garage des französischen Chrysler- und VW-Importeurs Charles Ladouche kommen. Dort stand nun der erste Prototyp des zukünftigen

Für Wilhelm Karmann war sein Cabriolet nicht nur der Ausdruck von Lebensart, sondern eben auch von Zuverlässigkeit. Diese resultierte aus der Tatsache, dass der 1957 vorgestellte Wagen auf die bewährte Technik des Käfers zurückgriff.

Der offene Zweisitzer –
der der erfolgreichen
Zusammenarbeit
Karmanns mit dem
italienischen Karossier
Luigi Segre entsprungen
war – kostete damals neu
8.250 Mark.

Karmann-Ghia-Coupés, das dank seiner schönen, schnittigen Karosserie sofort den Zuspruch Karmanns fand. Und dass es kein offener Roadster geworden war, störte den Osnabrücker gar nicht mehr, als ihm Segre plausibel machte, dass es einfacher sei, ein geschlossenes Auto aufzuschneiden, als aus einem Cabrio ein Coupé zu machen. So entstand zunächst der geschlossene Karmann-Ghia.

Im September 1957 wurde allerdings auch der Traum vom offenen **Karmann-Ghia** Wirklichkeit: Zu diesem Zeitpunkt wurde das **Cabriolet** bei der Internationalen Automobilausstellung in Frankfurt gezeigt. Das offene Vergnügen kostete neu 8.250 Mark und war das Ergebnis der schon beim Coupé erfolgreichen Zusammenarbeit mit Luigi Segre. Drei Jahre zuvor hatte die Arbeit an diesem offenen Modell begonnen, und von 1954 stammen auch die ersten beiden Prototypen. Der eine Wagen kam dem späteren Serienmodell in vielen Dingen schon sehr nah, wie zum Beispiel an dem für den Ghia typischen Armaturenbrett mit den beiden großen Rundinstrumenten zu erkennen ist. Das zweite Modell folgte der Idee eines größeren Cabriolets, also eines 2+2-Sitzers. Abgesehen von der größeren Karosserie, machten besonders die höhere Gürtellinie, die Dreiecksfenster vorne und das gehobene Interieur diesen Wagen zu einem ganz eigenen Entwurf. Doch dieser Vorschlag wurde – wie übrigens auch die geschlossene Variante – nicht in die Realität umgesetzt.

Letztendlich wurde das Karmann-Ghia-Cabriolet als Zweisitzer (mit zwei Notsitzen) gebaut. Wie schon das Coupé verfügte auch das Cabrio über die bewährte Technik des Käfers, und für den Einbau in die offene Karosserieform mussten keine großen Änderungen vollzogen werden. In vielerlei Hinsicht ist die Geschichte des Ghia-Cabrios auch die Geschichte des geschlossenen Ghia, denn die zwei Wagen entwickelten sich stets parallel. Wurden technische oder optische Neuerungen eingeführt, kamen sie beiden Fahrzeugen zugute.

So ist das Jahr 1960 ein gutes Beispiel dafür, dass am Karmann-Ghia im Laufe der folgenden Jahre immer wieder kleinere Veränderungen vorgenommen wurden, das Auto selbst sich aber im Laufe seiner Produktionszeit nie wesentlich verändert hat. Der größte Fortschritt dürfte damals wohl gewesen sein, dass den Modellen ein stärkerer Motor unter der Heckklappe gegönnt wurde. Bei einem Leistungszuwachs von etwas mehr als zehn Prozent erbrachte der 1.200-ccm-Motor nun 34 PS. In den gleichen Modellpflege-Zeitraum fiel auch ein nun endlich synchronisierter erster Gang, den sich viele Ghia-Fahrer sicherlich schon lange ersehnt hatten.

Als besondere Aktivität für den Exportmarkt entwickelte man in dieser Zeit für beide Modelle die Linkslenkung. So konnten nun auch Schweden und Engländer ihr Karmann-Ghia-Cabriolet (und selbstverständlich auch das Coupé) auf der „richtigen" Seite steuern. Mit diesem Zusatzangebot wurde auch die Kodebezeichnung geändert, so dass das Cabriolet mit Linkslenkung nun „Typ 141" hieß, das mit Rechtslenkung „Typ 142".

In den folgenden Jahren wurde die Leistung des Cabriolets (wie auch die des Coupés) kontinuierlich gesteigert. Vom Modelljahr 1965 an leistete ein 1,3-Liter-Aggregat schon 40 PS, ein Modelljahr später wurde eine um vier PS höhere Leistung einem 1500-ccm-Motor entlockt. Die letzte Baureihe, die 1970 begann und mit der Produktionseinstellung 1974 endete, bescherte den Karmann-Ghia-Fahrern einen 1600er Motor und die höchste je erreichte Motorleistung mit 50 Pferdestärken.

Welche äußerlichen Retuschen dem Ghia auch immer zuteil wurden – beispielsweise war die US-Version des Cabriolets mit einer Sonderlackierung, Weißwandreifen und Peilkanten aufgepeppt worden –, bis zum Ende blieb das Karmann-Ghia-Cabriolet ein elegantes, sportlich ausgerichtetes Auto, das im Laufe seiner Produktionszeit von 1957 bis 1974 stolze 80.881 Abnehmer fand. Diese Verkaufszahlen erbrachten auch den Beweis, dass Wilhelm Karmann schon die richtige Idee gehabt hatte, als er ein schickes Sport-Cabriolet mit robuster Technik bauen wollte.

Auch wenn Karmann zunächst bei der Entwicklung eines robusten Sportwagens an ein offenes Auto gedacht hatte, so wurde dennoch zuerst das Karmann-Ghia-Coupé gebaut.

Jaguar E-Type
Roadster

Lange Schnauze - großer Kult

Wenn man kleinen Buben und großen Männern einen Bleistift und ein Blatt Papier in die Hand drückt und sie bittet, einen typischen Roadster zu zeichnen, kommt in 99 Prozent aller Fälle eine Form heraus, die der Silhouette des **Jaguar E-Type** gleicht. Nur wenige andere Fahrzeuge dürften das Geschmacksempfinden so beeinflusst haben wie dieses Geschoss auf vier Rädern, das im März 1961 die Sensation des Genfer Automobilsalons war.

Dabei stand Sir William Lyons, der legendäre Chef des Hauses Jaguar, dem E-Type zuerst eher skeptisch gegenüber – er mochte den Wagen einfach nicht. Lyons, der die Marke aus kleinsten Anfängen – er hatte 1922 in Blackpool mit der Produktion von Motorradbeiwagen begonnen – in höchste Höhen geführt hatte, bescherte England 1948 mit dem XK 120 einen ersten Design-Höhepunkt und einen echten Exporthit, da sich die Amerikaner um diesen dynamischen Sportwagen schlugen. Sir Lyons, der übrigens selbst dem Großteil seiner Sportwagen und Limousinen die Form gegeben hatte, entwickelte aus dem 3,4-Liter-Sechszylinder mit den beiden obenliegenden Nockenwellen und 160 PS dann noch den XK 140 und schließlich den XK 150, der in seiner stärksten Version als XK 150 S mit einem 3,8-Liter-Motor und 265 PS Leistung verkauft wurde.

Parallel dazu gab es dann noch die Rennversionen, die als C-Type und als D-Type mit 204 und 240 PS zu den besten und schnellsten Rennwagen der fünfziger Jahre gehörten – und zwischen 1951 und 1957 alleine in Le Mans fünf Gesamtsiege holten. Und als ob dies alles nicht reichen würde, produzierte Jaguar in diesen Jahren auch noch einige der schönsten und schnellsten Limousinen der damaligen Zeit – allen voran den legendären Mk. II.

Kurz gesagt: Jaguar war damals eine der aufregendsten Automarken der Welt, bei der die Kunden eine unvergleichliche Mischung aus britischem Understatement (garniert mit Holz und Leder) und nahezu italienischer Eleganz erwerben konnten – die zudem noch mit dem Duft von Rennöl und Bremsstaub verbrämt war.

Doch Ende der fünfziger Jahre war den meisten Beteiligten klar, dass die XK-Modelle nach mehr als zehn Produktionsjahren am Ende ihrer Karriere angelangt waren – und in dem von William Lyons beherrschten Werk (zum Sir sollte er erst in sechziger Jahren geadelt werden) machte sich ein junger Ingenieur daran, aus den Rennwagen des Typs C und Typs D einen Nachfolger herauszuarbeiten. Sein Name: Malcolm Sayer. Dieser Mann, dem die beiden Rennwagen ihre unvergleichlich aerodynamischen Formen verdanken, konnte seine Herkunft aus dem Flugzeugbau nie verleugnen. Sayer hatte bei Bristol gelernt, wie Körper geformt werden müssen, damit sie die Luft perfekt durchschneiden – so konnte er mit den großen Kotflügeln und den schwellenden Hüften der von Lyons gezeichneten Modelle nicht so viel anfangen.

Folgerichtig schuf er von Dezember 1956 an in der ehemaligen Rennabteilung, die sich nun ganz dem Prototypenbau widmete, eine Studie, der er nach der Fertigstellung im Mai 1957 den Namen E-Type gab. Inoffiziell trug die Studie, die übrigens deutlich kleiner als das spätere Modell war, den Namen **E1A** – wobei das „A" für „Aluminium" stand, gehörte dieses Material doch zu den wichtigsten Baubestandteilen. Wie schon angesprochen, zeigte sich William Lyons über den Entwurf nicht sonderlich „amused", doch Sayer durfte weiter arbeiten. Vertraulich präsentierte er den Wagen 1958 ein paar Motorjournalisten, die anschließend William Lyons in höchsten Tönen von dem neuen Wagen vorschwärmten.

In diesem Jahr fiel dann auch die Entscheidung, die Produktion von 500 oder maximal 1.000 Fahrzeugen vorzubereiten – mehr Exemplare glaubte man von diesem Zweisitzer nicht verkaufen zu können. Selten haben sich Manager so getäuscht.

Im Laufe der nächsten Monate bekam der E-Type dann allmählich seine endgültige Form – und im Juli 1959 existierten bereits drei ziemlich seriennahe Prototypen. Und parallel dazu baute man auch eine Rennvariante, die unter der Bezeichnung **E2A** im Juni 1960 von dem Amerikaner Briggs Cunningham in Le Mans eingesetzt wurde. Warum dieser dem späteren Serienfahrzeug sehr ähnliche Rennwagen überhaupt eingesetzt wurde, bleibt bis heute ein Rätsel. Ob man sich eine Resonanz auf die Form und die Technik erhoffte oder einfach neue Motortechnik erproben wollte, weiß niemand – das Resultat war jedenfalls enttäuschend: der E2A blieb nachts um 1.40 Uhr an 34. Stelle positioniert mit einem Kolbenfresser liegen.

Nur echt mit den verkleideten Scheinwerfern: Der E-Type Roadster der Serie 1 mit dem 3,8-Liter-Sechszylinder leistete 285 PS – und er kostete 1961 nur 25.000 Mark.

Man kann sich heute nicht mehr vorstellen, welche Begeisterung der E-Type anlässlich seiner Präsentation in Genf hervorrief – endlich zeigte Jaguar den lange erwarteten neuen Sportwagen, dessen Styling und die versprochenen 240 km/h Höchstgeschwindigkeit alle elektrisierten. Und dazu kam der relativ interessante Preis: 25.000 Mark für den Roadster, während das genauso elegante Coupé 1.000 Mark mehr kostete – für einen adäquaten Ferrari musste mindestens das Doppelte bezahlt werden.

Der Wagen erstaunte aber nicht nur potentielle Käufer, sondern auch die Techniker der anderen Firmen, denn hier stand eine Mischung aus Rennwagen- und Großserientechnik vor ihnen. Während der E-Type im vorderen Bereich mit seinem Rohrrahmen, der die Vorderachse und den Motor trägt, von der Rennstrecke stammt, stützt sich dieses Gerüst an einer Fahrgastzelle ab, die als selbsttragende Karosserie konstruiert ist. Dazu kommt ein fortschrittliches Fahrwerk mit Dreiecksquerlenkern an der Vorderachse und eine Hinterachse, bei der zwei untenliegende Querlenker sowie die zusätzlich mit Führungsaufgaben betrauten Antriebswellen die Speichenräder bis zu Tempo 256 auf Kurs halten. Für den Vortrieb sorgte das mittlerweile auf 3,8 Liter und 265 SAE-PS erstarkte Triebwerk, das mit dem nur 1.250 Kilogramm schweren Roadster wenig Probleme hatte – nach 7,2 Sekunden war die 100-km/h-Grenze durcheilt, und wer den Langhuber (Bohrung x Hub: 86 x 106 Millimeter) an die Grenzen der Belastbarkeit treiben wollte, konnte auch die bereits erwähnten 256 km/h erreichen.

Der E-Type war auf Anhieb unglaublich populär – und dazu trugen nicht nur die enthusiastischen Besprechungen (Fritz B. Busch schrieb über ihn: „Mit ihm können Sie noch überholen, wenn Sie das Weiß im Auge des entgegenkommenden Fahrzeuglenkers sehen") oder Figuren wie G-Man Jerry Cotton bei, dessen E-Type in jedem Roman eine tragende Rolle spielte – dieser Jaguar tauchte auch in den entsprechenden

Mit der Serie 3 erhielt der E-Type 1971 einen 5,3-Liter-Zwölfzylinder – 1974 wurde dann die Produktion dieses Klassikers nach insgesamt 72.233 Fahrzeugen (von denen 34.004 Roadster waren) eingestellt.

Filmen und bei den Schönen und Reichen dieser Erde auf, wo er ein absolutes Muss war.

Relativ rasch hatte sich der E-Type einer ersten Überarbeitung zu unterziehen – 1962 wurde die Bodengruppe verändert, damit die beiden doch sehr engen Sitze weiter nach hinten geschoben werden konnten. Dazu war von diesem Jahr an ein Hardtop lieferbar. 1964 entfielen wegen den amerikanischen Beleuchtungsvorschriften die stilbildenden verkleideten Scheinwerfer, und im Herbst desselben Jahres wuchs der Motor von 3,8 auf 4,2 Liter Hubraum. Auch dieser Wunsch war vom amerikanischen Markt ausgegangen – und dafür wurde die Bohrung von 86 auf 92 Millimeter erhöht. Mit dieser Überarbeitung blieb die Maximalleistung erhalten, während das Drehmoment um etwa zehn Prozent anwuchs.

1966 wurde die Baureihe um das 2+2-Coupé erweitert, bei dem mit der Hilfe eines um 228 Millimeter längeren Radstands zwei zusätzliche Notsitze geschaffen wurden. 1968 kam die **Serie 2** auf den Markt: Roadster und Coupé hatten nun, um dem 1966 in den USA erlassenen „Motor Vehicle and Road Traffic Act" zu genügen, eine sicherheitstechnisch veränderte Karosserie mit einer stärker geneigten Windschutzscheibe. Ergänzend sorgte ein völlig neues Interieur für die Erfüllung der strengen Sicherheitsvorschriften.

Die letzte Stufe des E-Type kam 1971 mit der **Serie 3** auf den Markt – hier arbeitete nun ein 5,3 Liter großer Zwölfzylinder mit 272 PS Leistung unter der riesigen Motorhaube. Dieser Zwölfzylinder, der ursprünglich als Renntriebwerk für den XJ 13 gedacht war, wurde – nachdem die immer schärfer werdenden amerikanischen Abgasgesetze den Sechszylinder immer stärker einschnürten – als neuer Motor für den E-Type ausersehen. Dieser sanfte Riese passte zwar jetzt vorzüglich in die USA, wo das ruhige Dahingleiten schon immer viele Freunde hatte – doch andererseits sorgte der schwere Motor bei den eher sportlich orientierten Europäern für weniger Freude. Hier galten bald nur noch die frühen Sechszylinder – möglichst mit dem 3,8-Liter-Motor – als die einzig echten E-Type-Modelle.

1974 kam das Ende der Produktion des E-Type, der als Zwölfzylinder nur noch mit langen Radstand als 2+2-Coupé und als Roadster produziert worden war. Zum Schluss gab es eine Serie von 50 schwarzen Roadstern, die heute (neben den zehn gebauten Lightweight-Rennwagen) zu den begehrtesten Versionen überhaupt gehören.

Maximal 1.000 Exemplare hatte Sir William Lyons dem E-Type zugetraut – letztlich sollten nicht weniger als 72.233 Fahrzeuge dieses Typs vom Ruhm des Hauses Jaguar erzählen. Davon waren 34.004 Roadster – der Rest teilt sich in 20.306 zweisitzige Coupés und 17.923 Exemplare des 2+2-Sitzers auf. Und um die Statistik zu vervollständigen: Vom 3,8-Liter-Roadster der Serie 1 entstanden 7.818 Fahrzeuge, die 4,2-Liter-Version erstanden 9.551 Käufer. Vom Serie-2-Roadster mit dem 4,2-Liter-Triebwerk konnten 8.660 Fahrzeuge produziert werden, und der Serie-3-Roadster mit dem 5,3-Liter-Zwölfzylinder entstand in 7.975 Exemplaren.

Macht zusammen 34.004mal Fahrfreude und Designvergnügen pur – wie gesagt: einen Wagen wie den E-Type wird es nicht noch einmal geben.

„Mit ihm können Sie noch überholen, wenn Sie das Weiß im Auge des entgegenkommenden Fahrzeuglenkers sehen."

A.C. Cobra

Der Biss der Schlange

John Christy, Redakteur bei der Zeitschrift „Sports Car Graphic" beschrieb die A. C. Cobra nach seiner ersten Begegnung folgendermaßen: „Schlichtweg explosiv. Zwar hatte nicht einmal Carol Shelby geahnt, was bei dieser Mischung herauskommen würde – aber das Ergebnis war pures Dynamit."

Die Automobilgeschichte ist voll von Zufälligkeiten – wäre beispielsweise der amerikanische Rennfahrer Carroll Shelby auf seiner Suche nach einem perfekten Sportwagen nicht ein paar rennverliebten Ford-Ingenieuren und einem britischen A.C.-Sportwagen begegnet, hätte die Welt wohl nie die Cobra kennen gelernt.

Nun war Carroll Shelby kein naiver Anfänger – er hatte bereits 1959 mit Roy Salvadori auf einem Aston Martin die „24 Stunden von Le Mans" gewonnen und sich davor für Ferrari und Maserati als Werksfahrer bei etlichen Grand-Prix- und Sportwagen-Rennen ausgezeichnet. Daher wusste der Texaner Shelby, der seinen Lebensunterhalt vor seiner Rennkarriere als Geflügelzüchter verdient hatte, dass ein leichter Achtzylinder und ein leichtes Chassis die beste Basis für einen Super-Sportwagen abgaben.

Als sich Shelby 1960 nach gesundheitlichen Problemen vom Rennsport zurückziehen musste, wusste er also, was zu tun war: Er suchte einen Motor und ein Chassis, die er zu einem Rennwagen zu mischen gedachte. Die Methode, ein europäisches Fahrgestell und einen amerikanischen Achtzylinder zu kombinieren, war zwar nicht so neu – derartige Mischungen gab es auch bei Allard, Bristol, Railton oder Facel-Vega –, aber sie schien erfolgreich zu sein.

Carroll Shelby wusste von seinen Rennen in Europa, dass es bei der britischen Firma **A.C.** einen kleinen, handlichen Sportwagen gab, der eigentlich nur unter der Tatsache litt, dass sich noch kein problemloser, starker Motor für ihn gefunden hatte. Und Shelby wusste auch, dass A.C. kurz davor war, die Produktion des von einem Bristol-Motor angetriebenen A.C. Bristol einzustellen. Shelby rief daraufhin bei Chevrolet an, ob man ihm ein paar „Small-Block"-Achtzylinder zur Verfügung stellen würde, um aus dem schnuckeligen Engländer einen kalifornischen „Hot-Rod" zu machen, mit dem man auf den Rennstrecken und auf der Straße etwas Spaß haben könnte.

Die Antwort verblüffte Shelby: „Nein".

Daraufhin rief er bei Ford an, wo man ihm – nachdem der Le-Mans-Sieger seine Ideen ausgebreitet hatte – ein paar Motoren zusagte. Mit dieser Zusage rief Shelby wiederum bei A.C. im britischen Surrey an und bat um ein paar Chassis, die er mit Ford-Achtzylindern auszustatten gedachte. A.C. hatte nicht mehr viel zu verlieren und sagte zu. Im Januar 1962 entstand in England der erste Prototyp mit der Fahrgestellnummer CSX 2000, der am 2. Februar nach Kalifornien geflogen wurde. Innerhalb weniger Stunden wurde das Fahrzeug in der Werkstatt des legendären Hot-Rod-Gurus Dean Moon mit einem 260 PS starken 4,2-Liter-Achtzylinder komplettiert.

Am nächsten Tag machte sich John Christy, Redakteur bei der Zeitschrift „Sports Car Graphic", auf die Suche nach einer Corvette, „die ich mit dem noch unlackierten Prototyp an jeder Ampel fertigmachte". In seinem Bericht beschrieb Christy die Cobra dann als „...explosiv. Zwar hatte nicht einmal Shelby geahnt, was bei dieser Mischung herauskommen würde – aber das Ergebnis war pures Dynamit."

Nach diesem Bericht kamen auch prompt die ersten Bestellungen – und da Ford kurz nach Beginn der Serienproduktion den Hubraum des Achtzylinders auf 4,7 Liter angehoben hatte, wuchs auch die Leistung für die Standard-Straßenversion rasch auf 271 PS. Klar, dass sich die **Cobra 289** (289 steht für die Kubikangabe des Hubraumes in Inches), die für 5.995 Dollar bei ausgewählten Ford-Händlern zu erwerben war, rasch in die Herzen aller leistungshungrigen Männer fuhr – unter ihnen auch Steve McQueen, der seinen schwarzen 289 mit Weißwandreifen im Juni 1963 übernahm.

Keine Frage: Die Mischung war genial: A.C. hatte wieder einen vernünftigen Absatzmarkt, Ford hatte ein Image-Auto erster Klasse – und Carroll Shelby hatte ein Basismodell, mit dessen Hilfe er der Konkurrenz nur so um die Ohren fahren konnte. Zwar saß er nun nicht mehr selbst am Steuer, doch der alte Fuchs wusste natürlich genau, wie man auf den Rennstrecken mit leichteren Materialien und stärkeren, bis zu 325 PS leistenden Motoren den Ferraris und Corvette-Modellen die Rücklichter zeigen konnte.

Da Ford kurz nach Beginn der A. C.-Serienproduktion den Hubraum des Achtzylinders auf 4,7 Liter angehoben hatte, wuchs auch die Leistung der Standard-Straßenversion auf 271 PS. Die Cobra 289 (289 steht für den Hubraum in Kubikinches) war für 5995 Dollar bei ausgewählten Ford-Händlern zu erwerben – so auch von Steve McQueen, der seinen schwarzen 289 mit Weißwandreifen im Juni 1963 abholte.

So konnte die **A.C. Cobra powered by Ford** – so die offizielle Bezeichnung – am 2. und 3. Februar 1963 in Riverside mit Dave MacDonald und Ken Miles bei den zwei Rennen die beiden ersten Ränge belegen. Und das war erst der Beginn: Von nun an sorgten die beiden zusammen mit Fahrern wie Dan Gurney, Phil Hill oder Bob Holbert für Siege über Siege. Von 1964 an erschienen die Cobras auch in Europa: in Le Mans, bei der „Tourist Trophy", am Nürburgring und bei der „Targa Florio".

Im Dezember 1963 tauchten dann bei Shelby die ersten Exemplare eines neuen 7-Liter-Achtzylinders auf, den Ford für die großen Stock-Car-Rennen entwickelt hatte. Natürlich ließ man es sich nicht nehmen, einmal probehalber eines dieser 500 PS starken Renntriebwerke in eine Cobra zu verpflanzen, wobei man den Motorraum für den riesigen Motor mit 427 Kubikinches Hubraum etwas modifizieren musste. Der unerschrockene Ken Miles nahm den 427er Prototyp zusammen mit dem ersten für die Marken-Weltmeisterschaft entwickelten Cobra-Coupé mit auf die Rennstrecke von Riverside, wo er nach den ersten Runden sichtlich beeindruckt von „Kraft ohne Ende, aber einem deutlich verbesserungswürdigen Fahrwerk" sprach, und sich zudem noch „bessere Bremsen" wünschte.

Ein Wunsch, den ihm die Techniker von Ford erfüllten, als sie – an einem der ersten in der Konstruktion eingesetzten Computer – einen stärkeren und steiferen Rohrrahmen und ein deutlich überarbeitetes Fahrwerk errechneten, die dann in der **Cobra 427** zum Einsatz kamen. Und während die Cobra 427 im Jahr 1964 die Konkurrenz von Ferrari sicher in Schach hielt, erwarben auch einige tapfere Kunden die ersten Straßenversionen, die sich mit bis zu 490 PS und einer Beschleunigungszeit von etwa vier Sekunden von Null auf Tempo 100 und mehr als 270 km/h Höchstgeschwindigkeit schmücken wollten.

Obwohl sich die 289- und 427-Modelle in vielerlei Hinsicht ähneln, sind sie doch unter der Karosserie unterschiedliche Fahrzeuge, deren Rahmen, Fahrgestelle, Getriebe und Bremsen nichts miteinander zu tun haben. Natürlich unterscheiden sich sogar noch die einzelnen Fahrzeuge oft voneinander, da Carroll Shelby gerne bereit war – gegen einen entsprechenden Aufpreis –, unterschiedliche Tuningstufen von Motor, Getriebe und Fahrwerk zu montieren. So gab es die 427-Variante auch als **S/C**-Version, wobei die beiden Buchstaben für **Semi-Competition** stehen – damit waren die beiden seitlichen Auspuffrohre, ein Rennmotor mit mehr als 500 PS und eine leichtere Karosserie gemeint. Und um die Sache noch etwas komplizierter zu machen, montierte Shelby von Herbst 1966 an anstatt des mehr oder weniger domestizierten 427-Rennmotors einen etwas größeren Achtzylinder, der als **428** in die Geschichte einging. Leider stammte dieses Triebwerk aus der normalen Serienproduktion, so dass die **Cobra 428** trotz aller Leistung bei den Experten in den USA etwas schief betrachtet wird.

1967 war die Cobra-Euphorie vorbei – Ford hatte beschlossen, den neuen Mustang zur Ikone werden zu lassen, wozu auch Carroll Shelby mit seinen leistungsgesteigerten Versionen seinen Teil beitrug. In den sechs Jahren entstanden 75 Stück mit dem 4,2-Liter-Motor (Cobra 260), 535 Exemplare mit dem 4,7-Liter-Motor (Cobra 289) sowie 510 Modelle der Typreihe Cobra 427/428, von denen 26 Exemplare als 427 S/C ausgeliefert wurden. Da sich die S/C-Variante im Laufe der Zeit als die begehrteste herausstellte, wurden mittlerweile derart viele Modelle umgerüstet, dass heute wahrscheinlich mehr als 60 oder 70 „echte" Semi-Competition-Fahrzeuge in den Garagen der Cobra-Fans zu besichtigen sind.

Als Carroll Shelby 1967 die Produktion der Cobra – mit der immerhin 1965 der erste amerikanische Hersteller die Markenweltmeisterschaft gegen Ferrari gewonnen hatte – einstellte, interessierte sich plötzlich niemand mehr für die kampferprobten Rennwagen. Die Profis wollten möglichst rasch hinter das Steuer eines Ford GT 40, der ebenfalls bei Shelby das Laufen gelernt hatte, während den Amateuren die PS-Monster eher unheimlich waren. Es sollte einige Jahre dauern, bis die zumeist ziemlich heruntergekommenen Cobras wieder als Kultobjekt erkannt wurden – und mit den steil steigenden Preisen kamen dann auch immer mehr Fahrzeuge in den Genuss einer perfekten Restaurierung.

Heute ist eine echte Cobra – die meisten sind ja heute Nachbauten – nahezu unbezahlbar, und für Modelle mit echter Renngeschichte müssen Millionenbeträge angelegt werden. So werden nur noch wenige in den Genuss der berühmten Cobra-Wette kommen, die eigentlich ganz einfach ist: Der Besitzer einer 427 klemmt einen 100-Dollar-Schein hinter die Sonnenblende und erklärt anschließend, dass ihn der Beifahrer behalten dürfe, sofern er bei voller Beschleunigung in der Lage sei, ihn sich mit der Hand von der Sonnenblende zu holen. Angeblich haben die Cobra-Besitzer nie verloren.

Nachfolgende Doppelseite: Mit einem stärkeren und steiferen Rohrrahmen und einem deutlich überarbeiteten Fahrwerk hielt die Cobra 427 im Jahr 1964 die Konkurrenz von Ferrari sicher in Schach. Daneben steht eine etwas schmalere und weniger muskulös gebaute blaue Cobra 289.

Geballte Kraft – Blick unter die Motorhaube einer Cobra 289.

Ferrari 365 GTS/4

Der Liebling des Jet-Set

Wenn man erst einmal angefangen hat, sich in die Geschichte der vielen Modelle von Enzo Ferrari einzuarbeiten, beginnt man auch zu verstehen, warum so viele Ferraristi zu diesen Geschöpfen aus Aluminium, Glas, Leder und Gummi ein nahezu intimes Verhältnis aufbauen: Sie sind einfach mit Liebe gebaut. Und ein zweites Faszinosum: Man kommt zwangsläufig zu der Erkenntnis, dass auch Autos Stammbäume und Lebensläufe haben können.

Bei den vielen Modellreihen, die das Unternehmen bis heute auf die Räder stellte, sind die Cabriolets bemerkenswerterweise besonders rar. Einer der Gründe lag zweifellos darin, dass die Macho-Clique, die sich die rauhen, unzivilisierten und hart an den Rennwagen orientierenden Coupés und Berlinettas leisten konnte, nur wenig Interesse am gemütlichen Bummel entlang der Corniche von Nizza nach Saint Tropez zeigte.

Cabriolets waren etwas für Brigitte Bardot oder Françoise Sagan – und sie wurden auch zuweilen in den Garagen fiorentischer Komtessen oder kalifornischer Schauspieler gesehen. Aber eigentlich passte die Lust am Dahingleiten im Sonnenschein nicht mit dem Röhren eines mühsam domestizierten Zwölfzylinders zusammen. So gerieten die gebauten Stückzahlen im Laufe der Jahre immer geringer: Waren vom 250 GT Pininfarina Cabriolet noch 241 Exemplare ausgeliefert worden, so wurden von den beiden 250 GT California Spyder-Serien nur noch 104 Fahrzeuge an Mann und Frau gebracht. Dann kam der 275 GTS (200 Stück), der 330 GTS (100 Stück) und der 365 GTS mit nur noch 20 gebauten Modellen. Eine Stückzahl, die kaum zu unterbieten war – aber Enzo Ferrari schaffte auch noch dies: Im März 1966 feierte der 365 California Spyder auf dem Genfer Automobilsalon seine Weltpremiere – und am 9. November 1967 wurde das letzte von ganzen 14 Exemplaren ausgeliefert. Das Werk baute aber auch noch 125 Exemplare des mittlerweile legendären **Daytona-Spyders** – der eigentlich **365 GTS/4** hieß, aber unter dieser Bezeichnung nur den wenigsten bekannt sein dürfte.

Im Oktober 1968 feierte auf dem Pariser Automobilsalon der **365 GTB/4** seine Weltpremiere als Coupé – und es zeigte sich auf Anhieb, dass das Haus Pininfarina einmal mehr ein Meisterstück abgeliefert hatte. Mit seiner riesigen Motorhaube, dem großzügig verglasten Aufbau und dem strömungsgünstigen Abrissheck verkörpert dieser Ferrari bis heute – wie wenig andere Modelle – die klassische Frontmotor-Berlinetta in ihrer ausgereiftesten Form.

Unter der riesigen Motorhaube des 365 GTB/4 arbeitete der auf nunmehr 4,4 Liter Hubraum vergrößerte Zwölfzylinder, bei dem jeder einzelne Zylinder über 365 ccm Hubraum verfügte – womit die Typ-

bezeichnung 365 erklärt wäre. GTB bedeutet **Gran Turismo Berlinetta**, während die darauffolgende 4 für die vier obenliegenden Nockenwellen steht, die die Ein- und Auslassventile steuern. Mit seinen sechs Weber-Fallstrom-Doppelvergasern 40 DCN 20 leistete dieser Motor bei 7.500/min nicht weniger als 352 PS, während das maximale Drehmoment von 44 mkg bei 5.400/min anlag. Und damit dieses imposante Triebwerk möglichst tief in dem Gitterrohrrahmen – der mit Stahlblechen zur Plattform verschweißt wurde – montiert werden konnte, hatte Ferrari auch noch eine Trockensumpfschmierung für die 16 Liter Motoröl montiert. Eine weitere Spezialität des 365 GTB/4 war die Trennung von Motor und Getriebe – hier wurde das vollsynchronisierte Fünfganggetriebe zur besseren Gewichtsverteilung vor der Hinterachse eingebaut.

Obwohl sich Enzo Ferrari für diesen Traumwagen die doch recht nüchterne Bezeichnung 365 GTB/4 ausgedacht hatte, wurde die immerhin etwa 1.600 Kilogramm schwere Berlinetta von der Öffentlichkeit rasch als **„Daytona"** bezeichnet – nach dem Dreifachsieg des Rennteams beim 24-Stunden-Rennen von Daytona im Januar des Jahres 1969. Allerdings hatten die in Florida siegreichen Prototypen nichts mit der Technik und dem Design des damals immerhin 68.600 Mark teuren Coupés gemein – wie teuer der mehr als 280 km/h schnelle Sportwagen aber wirklich war, zeigt sich erst im Vergleich mit einem Porsche 911S, für den zur gleichen Zeit gerade mal 27.139 Mark zu überweisen waren.

Der belgische Journalist und Ex-Rennfahrer Paul Frère war einer der ersten, denen die Ehre zufiel, den Daytona zu testen – wobei ihm bestimmt die Tatsache geholfen haben dürfte, dass er 1960 für Ferrari die „24 Stunden von Le Mans" gewonnen hatte. Frère schrieb: „Auf der

Im September 1969 erblickte der Ferrari 365 GTS/4 auf der IAA in Frankfurt das Licht der Welt – doch bekannt wurde das Cabriolet unter dem Namen „Daytona-Spyder".

Autobahn erwies sich der Daytona in den über 160 km/h schnellen Kurven (für die eine Richtgeschwindigkeit von 80 km/h angegeben ist) als sicher und unproblematisch. Aber richtig interessant wurde es erst, als wir auf kurvige Passstraßen kamen. Hier war es wirklich eindrucksvoll, wie der gar nicht leichte Luxuswagen (vergessen Sie nicht: Klimaanlage, elektrische Fensterheber, Radioanlage) auf seinen breiten Reifen von einer Kurve in die andere geworfen werden konnte. Moderne Ferrari untersteuern viel weniger als die alten Starrachsmodelle, aber eine geringe grundsätzliche Tendenz ist immer noch da, wie es sich für ein sehr schnelles Auto gebührt. Nimmt man das Gas weg, geht der Ferrari williger in die Kurve – und beim Gasgeben steht im entsprechenden Gang immer genügend Leistung zur Verfügung, um die Hinterachse zum Ausbrechen zu verleiten."

Natürlich sorgten die 352 PS für mehr als ausreichend Temperament: Nach 6,1 Sekunden erreichte der Daytona die 100-km/h-Grenze, und nach 18,9 Sekunden war Tempo 200 fällig – während der stehende Kilometer in 24,4 Sekunden bewältigt wurde. Werte, die auch noch 30 Jahre später die Ausnahme sind.

Ein Jahr nach der Präsentation des Coupés war dann auf der IAA in Frankfurt im September 1969 auch erstmals der **Daytona-Spyder** zu betrachten. Noch hatte auch er die Plastikabdeckung über den vier Scheinwerfern – eine Lösung, die dann 1970 durch aufklappbare Scheinwerfer ersetzt werden musste, da die amerikanischen Zulassungsbedingungen dies erforderten.

Von dem Daytona-Spyder – oder **365 GTS/4** (GTS stand nun für Gran Turismo Spyder) – wurden bis 1972 nur ganze 125 Exemplare gebaut, die in Deutschland zum gleichen Preis wie das Daytona-Coupé

Nicht alle Ferrari-Modelle sind zwangsläufig rot lackiert – so steht beispielsweise diesem Daytona-Spyder die Farbe Silber prächtig. Dieser Wagen hat auch die beim Daytona letztmals gegen Aufpreis lieferbaren Speichenräder.

über den Importeur, die Firma Auto-Becker in Düsseldorf, angeboten wurden. Allerdings kamen nur eine Handvoll dieser Fahrzeuge nach Deutschland – der überragende Teil gingen direkt in die USA, wo der Daytona-Spyder zusammen mit dem Maserati Ghibli-Spyder (von dem auch nur 125 Exemplare gebaut wurden) zum ultimativen „In-Auto" avancierte.

Ob auch der Spyder die Geschwindigkeit von 280 km/h erreichte, ist nie erprobt worden – keines dieser Fahrzeuge gelangte je in die Hände von Motor-Fachjournalisten zum offiziellen Test. Wahrscheinlich hätte der etwas schwerere Spyder, der zusätzliche Versteifungen zur Reduzierung der Karosserieverwindung bekommen hatte, diese Grenze knapp verfehlt. Aber wer wäre denn mit so einer Schönheit denn schon tatsächlich so schnell gefahren – der GTS/4 war mehr zum Cruisen und Dahingleiten konzipiert.

Heute ist dieser Wagen eine der großen Ikonen der an Raritäten gewiss nicht armen Ferrari-Typologie – und so ist es kaum verwunderlich, dass es heute auch mehr Daytona-Spyder denn je zuvor gibt. Der Grund dafür: Als die Ferraristi erkannten, wie wenige Spyder tatsächlich entstanden waren und zu welchen Preisen sie gehandelt wurden, konnten etliche nicht der Versuchung widerstehen, einige der wesentlich öfter gebauten Berlinettas (von ihnen entstanden bis 1972 immerhin 1.383 Exemplare) von ihrem Blechdach zu befreien und in Spyder umzuwandeln.

Wenn Sie sich also für dieses bemerkenswerte Cabriolet interessieren, passen Sie gut auf, dass Sie auch einen echten GTS/4 erwerben – und richten Sie sich darauf ein, zwischen 600.000 und 800.000 Mark auszugeben.

Nachdem der Daytona anfänglich noch seine Scheinwerfer hinter einem Plexiglasband verbarg, forderten die amerikanischen Zulassungsbestimmungen von 1970 an die hier gut sichtbaren Klappscheinwerfer.

Maserati Ghibli Spyder

Der Wüstenwind

Es gibt Automobilproduzenten, deren Firmengeschichte ohne Schnörkel und Schlenker verläuft – und es existieren Hersteller, deren Geschichte verschachtelt und nur schwierig nachvollziehbar ist. Maserati, die Marke mit dem Dreizack im Emblem, gehört zur zweiten Kategorie. Das könnte einer der Gründe dafür sein, warum diese Marke zur Zeit weit unter Wert gehandelt wird – dabei existierte die Officine Alfieri Maserati S.p.A. bereits lange, bevor Enzo Ferrari damit begann, seine eigenen Fahrzeuge zu produzieren – von Männern wie Feruccio Lamborghini oder Alejandro de Tomaso ganz zu schweigen.

Die Geschichte der Marke Maserati beginnt im Jahr 1926 – die ihrer Begründer jedoch wesentlich früher: In den Jahren 1881, 1883, 1887, 1890, 1894 und 1898 gebar Carolina Maserati ihrem Mann, dem Lokomotivführer Rodolfo Maserati, sieben Söhne (der 1885 geborene Alfieri starb schon wenige Tage nach der Geburt). Die verbliebenen sechs Brüder mit den Namen Carlo, Bindo, Alfieri (er bekam den Namen seines verstorbenen Bruders), Mario, Ettore und Ernesto waren von Anfang an der Technik und der Geschwindigkeit verfallen – das heißt: eigentlich waren es nur fünf, denn Mario wurde Künstler und Maler.

Nachdem sich die verbliebenen Brüder in den verschiedensten Firmen – darunter bei Fiat und bei Vincenzo Lancia – eine solide technische Basis erarbeitet hatten, machten sie sich 1926 mit der bereits erwähnten Firma selbständig. Und hier begann das erste Maserati-Wunder, denn als sich Alfieri Maserati und Guerrino Bertocchi auf den Weg machten, mit dem ersten Wagen (einem 1,5-Liter-Reihenachtzylinder mit zwei obenliegenden Nockenwellen und Kompressor) bei der berüchtigten „Targa Florio" auf Sizilien anzutreten, konnte niemand damit rechnen, dass die beiden mit einem neunten Platz im Gesamtklassement und einem Klassensieg in der Kategorie bis 1,5 Liter Hubraum zurückkehrten. An diesem 25. April 1926 wurde die Maserati-Legende geboren.

In den folgenden Jahren untermauerten die Maserati-Brüder mit immer neuen Rennwagen diesen Eindruck – eine Leistung, die um so erstaunlicher ist, wenn man bedenkt, dass die Brüder nur vom Verkauf der Rennwagen lebten. Denn erst 1947 kamen die ersten Straßenfahrzeuge auf den Markt.

Mittlerweile hatte der Industrielle Omer Orsi die Firma übernommen – und er setzte von Anfang an auf den Verkauf von Straßenfahrzeugen, die anfänglich noch die Sportaktivitäten (Maserati wurde 1957 mit Juan Manuel Fangio Formel-1-Weltmeister) mitfinanzierten. Doch von den frühen sechziger Jahren an spezialisierte sich Maserati auf die Konstruktion und den Verkauf von Hochleistungssportwagen, die bis zur ersten Ölkrise in den frühen siebziger Jahren entscheidend zu dem legendären Ruf italienischer Autos beitrugen und die sich – was heute gerne vergessen wird – deutlich besser als die Gefährte von Enzo Ferrari verkauften.

Modelle wie der 3500 GT, der Mistral, der Quattroporte, der Sebring oder der Mexico begeisterten die Reichen auf der ganzen Welt – doch mit dem **Ghibli** schuf Maserati einen der schönsten Zweisitzer aller Zeiten. Das von Giorgetto Giugiaro gezeichnete Coupé war von 1967 an

der absolute Liebling der Upperclass – selbst Henry Ford stellte sich einen Ghibli in seine Garage. Und als seine Designer zu murren begannen, erwiderte er nur: „Macht was Besseres, dann verkaufe ich den Ghibli".

Der Ghibli – das Modell ist übrigens nach einem Sandsturm in Nordafrika so benannt – bot zweierlei: Einen Traum von einer Karosserie, unter der ein kraftstrotzender 4,7-Liter-Achtzylinder verborgen war. Dieser Achtzylinder war gänzlich aus Aluminium gefertigt, und für die Steuerung der 16 Ventile sorgten vier obenliegende Nockenwellen – während vier Weber-Fallstrom-Doppelvergaser 40 DCNL 5 ihren Teil zur Leistungsentfaltung beitrugen. Dieses Triebwerk leistete bei 6.000/min stolze 315 PS, die dem knapp 1,6 Tonnen schweren Zweisitzer zu 250 km/h Höchstgeschwindigkeit verhalfen – während die 100-km/h-Grenze nach sieben Sekunden und Tempo 200 nach 24,4 Sekunden erreicht wurden.

„auto, motor und sport" schrieb 1969 über den Ghibli: „Um der Mitwelt die Urgewalt dieses Motors darzutun, genügt es schon, im Leerlauf einige Male ein wenig auf das Gas zu treten – nur ein wenig. Schlafende Hunde spitzen die Ohren, ernste Männer erheben sich vom

Sehr viel schöner kann ein Cabriolet nicht mehr sein: Der Maserati Ghibli Spyder überzeugt durch schiere Eleganz.

Der Ghibli Spyder bietet reichlich Raum für zwei Insassen – und dazu Connolloy-Leder im Überfluss.

Schreibtisch, brave Hausfrauen legen Rouge auf und rücken die Frisur zurecht, Kinder drücken ihre Nasen an die Fensterscheiben und selbst harmlose Spaziergänger merken, dass etwas Besonderes los ist. Macht man den Ghibli im 1. Gang auf, dann vollzieht sich ein Beschleunigungsvorgang von elementarer Wucht. Er vollzieht sich hörbar, denn Maserati hat dafür gesorgt, dass die Vorgänge im Verbrennungsraum nicht durch übermäßige Schalldämpfung vor der Öffentlichkeit verborgen bleiben.

Aber man kann auch, unter Verzicht auf optimale Füllung, so ausgeglichene Verbrennungsvorgänge in die Rohre leiten, dass selbst geräuschempfindliche Zuhörer nur Wohlgefallen zeigen. Ohnehin hat man als Ghibli-Fahrer nur selten unter Missgunst zu leiden. Anstatt auf das Geräusch zu hören, blickt die Polizei auf die Karosserie, und die Vertreter beider Kirchen bekunden größeres Interesse an der Höchstgeschwindigkeit als an eventuellen andachtstörenden Geräuschen."

Man sieht, dass der Ghibli auch schon zu den Zeiten, als man ihn für 73.033 Mark erwerben konnte, als technische und ästhetische Ikone geschätzt wurde. Im Laufe der Zeit hatte der Ghibli dann zwei Modifikationen über sich ergehen zu lassen – erstens kam 1969 der **Ghibli Spyder** auf den Markt, und zweitens stand von 1970 an auch wahlweise ein auf 4,9 Liter Hubraum vergrößerter und auf 335 PS erstarkter Ghibli (der die Bezeichnung „SS" trug) zur Verfügung.

Der von 1969 bis 1972 gebaute Ghibli Spyder bietet zweifellos eine der aufregendsten Möglichkeiten, offen zu fahren – Giugiaro war es hier geglückt, auf der Länge einer großen Limousine eine unglaublich elegante Form unterzubringen, die gerade einmal zwei Personen und deren Gepäck ausreichend Raum und reichlich Luxus bot. Kein Wunder, dass dieses Auto als einer der schönsten Klassiker aller Zeiten gilt. Warum sich nur 125 Menschen den 75.590 Mark teuren Ghibli Spyder leisteten, während von dem Coupé doch immerhin 1.274 Exemplare verkauft wurden?

Erstens waren 75.590 Mark damals eine beträchtliche Summe – für dieses Geld bekam man immerhin auch drei Porsche 911 S. Und zweitens waren zu dieser Zeit Cabriolets offenbar nicht so gefragt – schließlich wurden auch vom Ferrari **365 GTS/4 Daytona-spyder** nur 125 Exemplare und exakt 1.383 Coupés gebaut. Dass die Missachtung des Spyders ein Fehler gewesen sein könnte, zeigte sich in den achtziger Jahren, als etlichen Coupés das Dach abgeschnitten wurde, und so die Zahl der Spyder plötzlich deutlich anstieg. Ein Anstieg, der den Puristen natürlich nicht gefallen konnte – und so gilt heute (wenn man wirklich einmal einen Ghibli Spyder zu Gesicht bekommen sollte) der erste Blick immer der Fahrgestellnummer, denn hier trennt sich die Spreu vom Weizen. Das Geheimnis liegt in der geraden oder ungeraden Ziffer: Während alle Coupés (nach der allen Ghibli-Typen gemeinsamen Bezeichnung) AM 115 eine gerade Fahrgestellnummer besitzen, steht beim Spyder AM 115 / S (für Spyder) und eine ungerade Ziffer.

Nachdem Maserati seit 1993 zum Hause Fiat gehört und vor zwei Jahren mit dem alten Rivalen Ferrari zusammengeschlossen wurde, scheint die Traditionsmarke wieder eine Zukunft zu haben – es wäre diesem phantastischen Haus zu gönnen.

Der Designer Giorgetto Giugiaro sieht den Maserati Ghibli bis heute als eines seiner besten Werke – eine Aussage, der man einfach zustimmen muß.

Monteverdi Palm Beach

Schweizer Wertarbeit

Der Monteverdi Palm Beach gehört zu den großen Raritäten der Autogeschichte. Bis heute ist nicht geklärt, wie viele Exemplare gefertigt wurden.

Mehr als zwei Jahrzehnte verfügte die Schweiz über einen eigenen Automobilhersteller, der auf den außergewöhnlichen Namen **Monteverdi** hörte – dahinter verbarg sich der am 7. Juni 1934 geborene Peter Monteverdi, der über zwei Jahrzehnte hinweg einige der attraktivsten und außergewöhnlichsten Fahrzeuge der damaligen Zeit baute. Bevor er am 11. September 1967 seine Schweizer Landsleute und den Rest der automobilen Welt mit seinen ersten High-speed-Modellen überraschte, hatte sich der Mann mit dem klangvollen Namen aber bereits in die komplexe Welt der Luxusautos vertieft.

Peter Monteverdi, der tatsächlich ein Nachfahre des Musikers und Komponisten Claudio Monteverdi war, hatte bereits im jungen Alter von nur 22 Jahren die väterliche Autoreparaturwerkstätte in Binningen bei Basel übernommen – und parallel dazu erfolgreich mit einem Porsche an Slalomwettbewerben und Bergrennen teilgenommen.

1956 erwarb er bei der Chrysler-Vertretung in Bern auch seinen ersten Ferrari – einen gebrauchten goldfarbenen 250 GT mit einer Vignale-Karosserie aus dem Jahr 1953. Nachdem er diesen Wagen voller Begeisterung nach Basel überführt hatte, wusste Monteverdi endgültig, was er wollte: die Ferrari-Vertretung für die Schweiz übernehmen. Und mit dem ihm eigenen Durchsetzungsvermögen überzeugte er nur wenige Monate später Enzo Ferrari in Maranello, ihm die Vertretung für große Teile der Schweiz zu übertragen – dabei half allerdings die Tatsache mit, dass Monteverdi auch gleich noch einen 3-Liter-Vierzylinder-Rennwagen mit dem schönen Namen *Testa Rossa* erwarb.

Nun war Monteverdi Besitzer einer Automobilwerkstatt, einer Ferrari-Vertretung und selbst ambitionierter Rennfahrer. Eine Vielfalt an Aufgaben, die der 23-Jährige offensichtlich bewältigte, denn während die Firma wuchs und gedieh, nahm auch die Anzahl der errungenen Siegespokale zu. Monteverdi sollte in den nächsten Jahren mit vielen verschiedenen Fahrzeugen bei unterschiedlichen Prüfungen an den Start gehen: So war er mit einem 300 SL beim „1000-Kilometer-Rennen" auf dem Nürburgring genauso zu Hause wie mit einem Formel-Junior-Wagen beim „Großen Bergpreis" am Schauinsland bei Freiburg – und 1959 tauchte er sogar mit einer Renault Dauphine Gordini bei der „Rallye de Génève" auf.

Dann begann er mit dem Bau eigener Rennwagen – zuerst für die Formel Junior, dann folgte 1961 ein eigener Formel-1-Wagen, der von einem Porsche-Motor angetrieben wurde. Ein ehrgeiziges Projekt, das mit einem schweren Unfall in Hockenheim endete, als der **MBM**-Grand-Prix-Wagen (MBM steht für Monteverdi-Basel-Motors) bei Tempo 200 die Bahn verließ. Monteverdi sollte sich nach diesem Unfall, den er mit einem Beckenbruch und anderen Verletzungen überlebte, nie wieder in einen Rennwagen setzen.

Dafür vergrößerte er seinen Autohandel: Er übernahm in den frühen sechziger Jahren den Vertrieb der britischen Jensen-Sportwagen für die Schweiz, außerdem wurde er BMW-, Lancia-, Rolls-Royce- und Bentley-Händler. Der Umgang mit diesen rollenden Legenden sorgte dann auch dafür, dass sich der Perfektionist Peter Monteverdi immer öfter die Frage stellte, warum er nicht unter seinem Namen ein Automobil konstruieren und bauen wollte, das seinen Ansprüchen genügen würde.

So entstand von 1966 an der erste **Monteverdi high speed**, der 1967 auf der IAA in Frankfurt Weltpremiere feierte– eine Entscheidung, zu der sicherlich auch die Tatsache beigetragen hatte, dass Monteverdi 1966 seine Ferrari-Vertretung zurückgegeben hatte, da die Italiener neue Konditionen verhandeln wollten, mit denen sich der Basler, wie auch die anderen Schweizer Händler, aber nicht einverstanden erklärte.

Als Basis verwendete der erfahrene Konstrukteur ein solides Kastenrahmenchassis, eine aufwendige Einzelradaufhängung und einen vor Kraft bebenden 7,2-Liter-Achtzylinder des Hauses Chrysler, der wahlweise mit 380 oder 450 SAE-PS angeboten wurde. Selbstverständlich sorgten vier massive Scheibenbremsen für eine der Höchstgeschwindigkeit (250 bzw. 270 km/h) angemessene Verzögerung. Die Karosse, die natürlich vor Leder und Luxusaccessoires strotzte, wurde – nach Entwürfen von Peter Monteverdi – bei der italienischen Firma Frua gefertigt.

Der immerhin 58.000 Schweizer Franken teure **375 S** überzeugte die Fachwelt auf Anhieb, und so verkauften sich die ersten Exemplare problemlos an gutbetuchte Kenner. Und rasch wurde das Programm auch mit einer viersitzigen Version mit der Bezeichnung 375 L auf einem leicht verlängerten Radstand ergänzt. Doch dann gab es Probleme mit der Carrozzeria Frua, und so wechselte die Produktion nach einer Modellmodifikation zu der Firma Fissore. Keine Frage, die Geschäfte liefen gut, und so beschloss Monteverdi, die Modellpalette auszubauen. Als erstes wurde 1970 ein Mittelmotor-Bolide mit dem Namen Hai 450 SS auf die Räder gestellt, dann folgte ein Jahr später eine viertürige Luxuslimousine, die auf die Bezeichnung 375/4 hörte – wobei die Ziffer 4 für vier Türen stand. Parallel dazu entstand auch noch der **high speed 375 C** – und hier stand das C für Cabriolet.

Peter Monteverdi hatte schon lange über die Entwicklung eines Cabriolets nachgedacht – den Ausschlag für den Bau gab jedoch der Wunsch eines bekannten Genfer Arztes, der wegen einer Querschnittslähmung an den Rollstuhl gefesselt war. Er bat Monteverdi um einen „high speed", den er trotz seiner Behinderung alleine besteigen und steuern konnte. Und dieser erkannte, dass diese Aufgabe am leichtesten mit einem Cabriolet zu bewältigen war, denn hier konnte der Arzt den Einstieg bei geöffnetem Verdeck absolvieren und gleichzeitig den Rollstuhl hinter sich verstauen.

Obwohl der high speed 375 C im Programm zum Preis von 75.750 Franken auftauchte (wobei der Kunde die Wahl zwischen einem manuellen Vierganggetriebe oder einer Dreigangautomatik hatte), scheinen nur einige wenige Exemplare gefertigt worden zu sein – darunter jenes für den Genfer Arzt und eines für die hauseigene Sammlung, in der von jedem Modell ein Exemplar vertreten ist.

Die frühen siebziger Jahre waren für alle Hersteller von Luxusfahrzeugen mehr als schwierig, denn die erste Ölkrise verschreckte selbst reiche Interessenten. So wundert es auch nicht, dass in dieser Zeit Firmen wie Jensen, Iso Rivolta, De Tomaso oder Bizzarini aufgeben mussten. Ein Trend, der natürlich auch Monteverdi erfasste: Wurden 1969 bis 1971 noch jährlich 50 bis 60 Fahrzeuge von Hand gefertigt, so sank die Zahl 1974 auf unter 40 Einheiten, und für 1975 standen nur noch 20 Automobile im Plan.

Umso bemerkenswerter war die Novität, die die Besucher im März 1975 an dem Monteverdi-Stand des Genfer Automobilsalons vorfinden konnten – mit dem Monteverdi **Palm Beach** hatte die Basler Firma eines der schönsten Cabrios aller Zeiten geschaffen. Der Palm Beach verband die Mechanik des 375 L mit der elegant-aggressiven Frontpartie der Berlinetta und einer harmonischen Linienführung der Restkarosserie, die bis heute für Aufsehen sorgt. Unter der Motorhaube gab es den bewährten 7,2-Liter-Achtzylinder von Chrysler mit 375 DIN-PS. Wie potent diese Motoren waren, zeigt sich in dem einzigen Fahrbericht, der jemals von einem Palm Beach erschien. Die „Motor-Revue" schrieb

1976 über das Cabriolet: „Stets mit niedrigen Drehzahlen operierend, bietet der Motor genügend Kraft, um dem anderthalb Tonnen schweren Palm Beach zu wahrhaft sportlichen Fahrleistungen zu verhelfen – wir erreichten nach 7,8 Sekunden die 100-km/h-Grenze, während sich die Höchstgeschwindigkeit bei 236,8 km/h einpendelte."

124.000 Schweizer Franken verlangte das Haus Monteverdi 1975 für den Palm Beach – wie viele Exemplare entstanden, ist heute nicht mehr nachvollziehbar. Aller Wahrscheinlichkeit nach blieb es bei dem Einzelstück, denn Monteverdi hatte bereits beschlossen, den Bau seiner großen Sportwagen einzustellen und zukünftig auf luxuriöse Geländewagen zu setzen – eine Entscheidung, die zu den erfolgreichen **Safari**-Modellen von Monteverdi führen sollte, die ab 1976 gebaut wurden. Im Laufe der Jahre fügte der Schweizer seinem Geländewagen-Programm den **Sahara** hinzu, um sich später Fahrzeugen aus dem Hause Ford zu widmen. Unter der Bezeichnung **Sierra** – ein Name, den Ford später selbst für eine Baureihe übernahm – brachte Monteverdi Ford-Modelle mit einer überarbeiteten Karosserie und einer deutlich luxuriöseren Ausstattung auf den Markt.

Aber eigentlich hatte das Herz des 1998 verstorbenen Peter Monteverdi immer an den großvolumigen Sportwagen gehangen, mit denen er von 1967 bis 1975 Automobilgeschichte schrieb – und seine beiden Cabriolets gehören in ihrer Schönheit und Eleganz zu den größten Seltenheiten aller Zeiten.

Schon der Vorgänger des Palm Beach, der high speed 375 C, sorgte – nicht zuletzt durch die formschöne Karosserie und den 7,2-Liter-Achtzylinder – für Aufsehen.

BMW Z1

Auf besondere Weise anziehend

Für rund 80.000 Mark konnte man in den Jahren 1988 bis 1991 einen neuen BMW Z1 kaufen, um sich den Wind um die Nase wehen zu lassen.

Oft ist man geneigt, von einem Traumwagen zu sprechen, wenn ein Automobilhersteller ein Fahrzeug präsentiert, das nicht nur aus dem Rahmen der eigenen Modellpalette fällt, sondern auch bei der Konkurrenz auf nichts wirklich Vergleichbares stößt. Dazu muss natürlich gewährleistet sein, dass dieses Fahrzeug tatsächlich einmalig ist – und zwar sowohl technisch als auch optisch.

Ein Gefährt, auf den der Begriff des Traumwagens durchaus zutrifft, entstand Anfang der achtziger Jahre in den Köpfen zweier Männer, die damals ihre Arbeitskraft dem Hause BMW zur Verfügung stellten. Der **Z1** kann – obwohl selbstverständlich ein großes Team mit der Realisierung betraut war – als das Kind von Ulrich Bez und Harm Lagaay bezeichnet werden: der eine als Chef der so genannten Technik GmbH, der andere als Chef-Designer. Die Technik GmbH war am 1. Januar 1985 von BMW nach demselben Schema gegründet worden wie schon die Motorrad GmbH und die Motorsport GmbH. Diese Sparten sollten sich als hundertprozentige Töchterunternehmen außerhalb des Großkonzerns mit zukunftsweisenden Aufgaben beschäftigen und – so bei der Technik GmbH – ihr Augenmerk auf Forschung, Vorentwicklung, Entwicklung und Produktion legen. Das damals definierte Ziel der Technik GmbH lautete, „Entwicklungen auf dem Gebiet der Fahrzeugtechnik durchzuführen, die geeignet sind, Grundrichtungen neu zu bestimmen oder zu modifizieren, also ‚Trendsetting' zu ermöglichen." Das Ergebnis dieser Vorgabe war später unter anderem der Z1.

Doch bevor der Z1 1987 bei der Internationalen Automobilausstellung in Frankfurt gezeigt werden konnte, waren noch viele Dinge zu tun und vor allem zahlreiche Hürden zu überwinden. Schon lange, bevor erste Zeichnungen oder Entwürfe aufs Papier gebracht worden waren, stand ein erster Arbeitstitel für das Projekt fest: „Freiheit auf vier Rädern" – eine Anlehnung aus dem Motorsport. Designer Lagaay drückte die damalige Grundstimmung so aus: „Da wir alle Möglichkeiten hatten, konnten wir den Begriff ‚Freiheit' erst einmal wörtlich nehmen. Uns interessierte zunächst nicht, wo der Motor zu liegen hatte, ob die Insassen einem eventuellen Regenguss schutzlos ausgesetzt sein würden oder ob Platz für einen Kofferraum sein sollte."

Mit so viel Spielraum ausgestattet, machte sich das Team an die Arbeit, eine Idee zu entwickeln, die zu einem Roadster alten Schlages führen sollte. Der große Vorteil der Technik GmbH bestand darin, dass alle Bereiche, die für die Entwicklung eines neuen Autos notwendig waren, Tür an Tür arbeiteten, und somit Absprachen auf kurzem Wege getroffen und Hand in Hand gearbeitet werden konnte. Zahlreiche Entwurfsideen, verschiedene Antriebs- und Fahrwerkskonzepte standen im Raum. Nur ein Erprobungsfahrzeug konnte Aufschluss geben, welches der jeweiligen Konzepte das richtige sein könnte.

Nach den Erprobungsphasen im Frühjahr 1985 sollte der Z1, der intern die Bezeichnung „Z1E" führte, einen Front-Mittelmotor bekommen: Das Triebwerk, ein 2,5-Liter-Reihensechszylinder, wurde aus dem hauseigenen Serienregal genommen. Die Entscheidung hierfür fiel nur wenig später, im Juli 1985, und bereits im Monat darauf präsentierte die

Reizvolle Details bietet der Z1 auch im Innenraum, der eben nicht nur funktionell war, sondern auch das außergewöhnliche Design und die innovative Technik des Wagens widerspiegelte.

Nachfolgende Doppelseite: Eine besonderes Raffinesse stellten die Türen beim Z1 dar. Sie waren nicht wie bei den meisten Autos seitlich zu öffnen, sondern wurden versenkt.

Technik GmbH ihr jüngstes Kind dem damaligen Vorstandsvorsitzenden Eberhard von Kuenheim. Auf sein Geheiß hin sollte das Team an diesem Projekt weiter arbeiten, um Ende des Jahres ein Design- und Windkanalmodell im Maßstab 1:2,5 noch einmal dem Vorstand zu präsentieren. Betriebsame Tätigkeit war die Folge, da nicht nur die Zeit zur Herstellung knapp war, sondern reichlich Details und Lösungen noch nicht zu Ende gedacht oder gar entwickelt waren. Ein Beispiel dafür sind die Türen des Z1, die ja nicht wie normale Türen angeschlagen, sondern versenkbar sind.

Nachdem auch bei dem Termin am 26. November 1985 der Vorstand grünes Licht für den Bau eines fahrbereiten Prototypen gab, wurde das Projekt Z1 endgültig zum Laufen gebracht. Nach und nach wurden die einzelnen Komponenten überarbeitet, getestet, entwickelt oder neu erdacht. Die Aerodynamik prüfte man am 20. Januar 1986 im Windkanal beim Karosseriebauer Pininfarina, wobei sehr gute Werte gemessen wurden. Die Karosserie musste etwa 200 Kilogramm leichter sein als die des damaligen 3er Cabrios – gewählt wurde ein selbsttragender Monocoque-Rahmen aus feuerverzinktem Stahl, auf dem die Kunststoff-Karosserieteile montiert wurden –, und das Fahrwerk sollte Spitzenwerte bei der Querbeschleunigung ermöglichen. Als der erste fahrbereite Prototyp am 22. Juli 1986 dem Vorstand zu Testfahrten vorgeführt wurde, war der Wagen gerade einmal 1.100 Kilogramm leicht und verfügte über eine Leistung von 170 PS (126 kW).

Der Vorstand reagierte positiv, und es wurde beschlossen, weitere Fahrzeuge zu fertigen, die einer Serienreife möglichst nahe kommen sollten – schließlich war der erste Wagen noch recht „handgestrickt" gewesen. Die Produzierbarkeit musste geprüft und Verträge mit Zulieferfirmen geschlossen werden, die notwendigen Test waren unter

Auch wenn der Z1 mit geschlossenem Verdeck seine markante Figur beibehielt, so waren natürlich die meisten Z1-Besitzer froh darüber, wenn sie auf das Dach verzichten konnten.

Extrembedingungen wie Hitze und Kälte zu vollziehen, Crashtests sowie weitere Windkanalversuche zu absolvieren. Aber nicht nur technische Lösungen mussten ausgetüftelt werden, auch die Innenraumgestaltung hatte noch lange keinen Abschluss gefunden. Denn zum Konzept eines kompromisslosen Roadsters gehörten nicht nur seine Zweisitzigkeit und ein eindeutiger Fahrspaß, sondern auch ein völlig neues Designkonzept. Welche Farben und Materialien den Innenraum bestimmen sollten, musste ebenso geklärt werden wie die Frage, welche Instrumente ein Roadsterfahrer für sein Fahrvergnügen benötigt.

Und nach allen Anstrengungen der vergangenen Jahre war es am 18. Dezember 1986 soweit, dass der Vorstand nach nochmaliger Besichtigung den Auftrag erteilte zu prüfen, wie eine Produktion von ein bis fünf Fahrzeugen am Tag zu realisieren sei. Das Ergebnis dieser weiteren Verfeinerungen war nun schlussendlich auf dem BMW-Stand der IAA 1987 zu bewundern – ein Roadster aus München, der 80.000 Mark kosten sollte und dessen Produktionsbeginn für den Sommer 1988 angekündigt wurde. Die Begeisterung des Publikums für den 3,92 Meter langen, knapp 1,7 Meter breiten und 1,25 Meter hohen Z1 war immens. Tausende Vorbestellungen gingen innerhalb kurzer Zeit bei BMW ein.

Dass der Z1 nie ein Fahrzeug der Großserie werden würde, war von Anfang an nicht nur klar, sondern auch geplant. Aber immerhin sind in den knapp drei Jahren Bauzeit exakt 8000 Exemplare des Z1 an Käufer ausgeliefert worden. Seinen Reiz, begründet durch eine ausgeklügelte Technik, innovatives Design und reizvolle Detaillösungen, hat er selbst knapp zehn Jahre nach Produktionsende, das im Juni 1991 erreicht war, noch nicht verloren. Denn auch heute ist jeder Z1 auf der Straße ein Anziehungspunkt, und die Spalten der Gebrauchtwagenmärkte weisen Preise für ihn aus, wie man sie nicht einmal neu für ihn zahlen musste.

Die kompakten Maße des Z1 – 3,92 Meter lang, knapp 1,7 Meter breit und 1,25 Meter hoch – verliehen dem Z1 sein typisches Aussehen. Bis Juni 1991 wurden insgesamt 8.000 Stück des Roadsters gebaut.

Porsche 911
Speedster

Purismus ohne Unbequemlichkeit

Im Automobilbau zeigte sich seit jeher ein Phänomen bei vielen traditionsreichen Unternehmen. Man erinnerte sich an Modelle oder Varianten von Modellen, die schon damals entweder aus technischer Sicht oder wegen der Umsetzung innovativer Ideen für Furore gesorgt hatten. So war es auch nur logisch, dass ein Unternehmen wie Porsche, das seit dem Bau des 356er, dessen Schöpfer Ferry Porsche war, eine alte Tradition wieder aufleben ließ – die eines kompromisslosen, offenen Sportwagens, der in kleinen Stückzahlen gebaut werden sollte und nur eine extravagante und sportlich ambitionierte Kundschaft ansprechen würde. Bei Porsche war das folglich der Speedster auf Basis des 911.

Schließlich war der erste Wagen, der den Namen Porsche trug, ein offener Wagen. Diesen hatte Ferry Porsche, Sohn des Käfer-Erfinders Ferdinand Porsche, in seinem Kopf entwickelt und im österreichischen Gmünd gebaut. Auch wenn der 356 Speedster damals noch nicht zur Serienreife gelangt war, so sollte es doch in den fünfziger Jahren klappen.

Es war dann schon in den sechziger Jahren, als der 911 den rund 15 Jahre lang gebauten 356 ablöste. Den legendären Vorgänger gab es nicht nur als Coupé und als herkömmliches Cabriolet, sondern eben auch als Speedster, wie er zunächst hieß. Später wurde er vom Roadster abgelöst. Bei Porsche orientierte man sich aber Ende der achtziger Jahre an der ursprünglichen Bezeichnung Speedster, als man im Modelljahr 1989 dem Elfer den zweisitzigen **911 Speedster** zur Seite stellte.

Zu einem Einstiegspreis von 110.000 Mark bekamen die Kunden, die den alten Traum vom puristischen Offenfahren erleben wollten, den 911 **Speedster 1**. Innen zeigte sich der auf Basis des Carrera entstandene Wagen sehr spartanisch eingerichtet. Fünf nebeneinander liegende Rundinstrumente dominierten gegenüber der sonst eher einfach wirkenden Ausstattung. Allerdings hatte der erste Speedster des 911 natürlich alle technischen Raffinessen zu bieten, die auch ein „normaler" 911 hatte. Als Antrieb diente ein Sechszylinder-Boxermotor mit 3.164 ccm, der 231 PS bei 5.900/min brachte. In 6,1 Sekunden beschleunigte der Sportwagen von Null auf 100 km/h, um erst bei 260 km/h an seine Grenze zu stoßen.

Vom ersten Modell des Speedster waren nur 2.100 Exemplare geplant, die sich trotz des stolzen Preises – mit Katalysator kostete er sogar 111.575 Mark – und des ungewöhnliches Stylings ohne Probleme verkaufen ließen. Die flache Karosserie, die verkürzte Windschutzscheibe und das manuell zu betätigende Notverdeck waren für den echten Speedster-Fan kein Grund, von einem Kauf Abstand zu nehmen.

Weitere zwei Jahre zogen ins Land, bis diejenigen, die keinen Speedster mehr erstehen konnten, zu einem eigenen Modell kommen sollten. Als Porsche den **Speedster 2** beim Pariser Automobilsalon im Jahre 1992 erneut auferstehen ließ, sollte er zunächst nur mit der schmaleren Karosserieform des Cabriolets angeboten werden. Da allerdings die Nachfrage durch die Kunden nach einem breiteren Blechkleid – wie dem des Porsche Turbo – sehr groß war, entschlossen sich die Zuffenhausener, zum Sommer 1993 auch einen breiteren Speedster auf die Räder zu stellen.

Die Nachfolgegeneration des Speedster war aber nicht nur der alte Wagen im neuen Kleid, sondern er hatte reichlich Eigenständiges zu bieten – angefangen beim Basispreis von 131.500 Mark. Noch immer

Mit dem 911 Speedster 1 knüpfte Porsche an die große Tradition des 356 Speedster an.

Mit dem Speedster 2 bot Porsche zwar einen komfortableren, aber weiterhin puristischen Sportwagen an – zum Preis von mehr als 130.000 Mark.

verbreitete der Zweisitzer einen gewissen Purismus, der aber nicht mehr mit Unbequemlichkeit – vor allem für die Kunden – einhergehen musste. So wurde zum Beispiel das Notverdeck und vor allem dessen Handhabung weiterentwickelt. Positiver Effekt der Neuentwicklung war, dass heftiger Regen nun auch im Auto trocken überstanden werden konnte: Die Windschutzscheibe war fest montiert, und auch die Seitenscheiben hatten bessere Dichtgummis bekommen.

Überhaupt mussten die Fahrer und Fahrerinnen des neuen Speedster nicht auf Annehmlichkeiten verzichten, die sie von anderen Modellen des Hauses Porsche gewohnt waren oder die sie dort haben konnten. Der Speedster 2 war, als er im Frühjahr 1993 in Deutschland auf den Markt kam, ebenfalls mit einer Klimaanlage und elektrischen Fensterhebern ausgestattet. Dabei war er gegenüber einem vergleichbaren Carrera 2 Cabriolet um 8.457 Mark günstiger. Allerdings hatten die Kunden auch zwei Plätze – wenn auch Notsitze – weniger.

Auch vom zweiten Speedster des Elfers wurden nur kleine Stückzahlen gefertigt: Bis zu seiner Produktionseinstellung Ende des Jahres 1993 waren es gerade einmal 930 Stück. Allerdings musste sich Porsche auch bei diesem Sportwagen keine Gedanken darüber machen, ob er an die Frau oder den Mann zu bringen war, denn alle Exemplare haben Abnehmer gefunden. Und die Preise, die geboten wurden, nachdem der letzte Speedster 2 das Werk verlassen hatte, überstiegen – wie schon bei seinem Vorgänger – den Werkspreis deutlich.

Der Speedster 2 bot schließlich seinem Lenker sowohl technisch als auch optisch das Feinste. Im Innenraum waren es augenfällige Details, die den Zweisitzer so einmalig machten. Die Armaturentafel war in der Wagenfarbe lackiert, ebenso wie der Schaltknauf in der Farbe der Karosserie gehalten war. Und auch hier war es wiederum die spartanische Ausstattung, die das Interieur bestimmte.

Dass von den Speedstern des Elfers in der Summe nur eine kleine Anzahl an Fahrzeugen gebaut wurde, war von Anfang an so geplant gewesen. Denn der Wagen sollte immer „nur" ein Fahrzeug für die Liebhaber eines extremen Purismus sein – natürlich gegen eine stattliche Summe Geld. Als Ende des Jahres 1993 die letzten Speedster 2 Zuffenhausen verließen, stand schon die kommende Generation des sportlichen Klassikers in den Startlöchern. Denn Porsche hatte in Frankfurt bei der Internationalen Automobilausstellung den Nachfolger – intern 993 genannt – gezeigt. Und zudem baute man bei Porsche schon an einem neuen Wagen, der das Offenfahren mit einem Porsche zu einer etwas preisgünstigeren Variante ermöglichen sollte. Der Boxster war schließlich die Quintessenz, die sich im Laufe der neunziger Jahre zu einer beliebten – und bezahlbareren – Alternative zum Elfer entwickelte.

Als die Zuffenhausener der Luftkühlung den Rücken kehrten, und die neueste 911-Generation mit Wasserkühlung – unter der internen Bezeichnung 996 – auf den Markt kam, gab es dazu keinen weiteren Speedster. Ob dieser 911 jemals als zweisitziger Sportwagen im Speedster-Look kommen wird, steht bis heute noch in den Sternen.

Auf Basis des Porsche 964 entstand der Speedster 2. Sein Markenzeichen war unter anderem die große Kunststoffklappe, unter der sich das Verdeck verbarg.

Porsche 911 Carrera
2/4 Cabriolet

Sportliche Offenheit als Tugend

Bis in die achtziger Jahre mussten Porsche-Fans warten, bis sie wieder – nach dem 356 – einen offenen Wagen aus Zuffenhausen kaufen konnten.

Als in den sechziger Jahren der Porsche 356 vom Porsche 911 abgelöst wurde, konnte niemand ahnen, dass es bis zu den achtziger Jahren dauern würde, bis man von diesem erfolgreichen Nachfolger ein Cabriolet erstehen konnte. Schließlich war der offene 356 wahrlich kein glückloses Auto gewesen, und er hatte damals schon bewiesen, dass eine stolze Motorleistung auch bei offenem Dach möglich sein konnte. Anlässlich der Internationalen Automobilausstellung 1981 in Frankfurt präsentierten die Zuffenhausener erstmals das Cabriolet eines Elfers, um die Reaktion der potenziellen Kundschaft zu testen – und die war durchwegs positiv.

Das Verdeck des ersten Cabriolets war noch mechanisch zu öffnen, obwohl von Anfang an ein elektrisches im Lastenheft stand: „Es soll ein System geschaffen werden, das ohne manuellen Eingriff die Umwandlung vom geschlossenen zum geöffneten Verdeck und umgekehrt vollziehen kann." Weiterhin wurde gefordert, „den Öffnungs- und Schließvorgang des Verdecks vom Innenraum her ohne Öffnen der Türen oder Fenster zu ermöglichen."

Wie schon beim manuellen Verdeck wurde auch bei der Konstruktion der elektrischen Variante der Verdeckspezialist Gerhard Schröder beauftragt. Die Antriebsmotoren des Stoffdaches setzten 13 bewegliche Spriegel sowie Dachrahmen und Steuerhebel mit 22 Gelenkpunkten in Bewegung. Ein Öffnungs- beziehungsweise Schließvorgang dauerte damals 20 Sekunden. Da das 911 Cabriolet als Ganzjahresfahrzeug erdacht war, gab es zum Aufpreis von 6.585 Mark ein Hardtop. Ein 911 Cabriolet kostet damals – im Modelljahr 1983 – 64.500 Mark.

Im Modelljahr 1989 wurde nicht nur die neue Baureihe **964** eingeführt, sondern damit auch der **Carrera 4**, der allradgetriebene 911er. Für die Frischluftfans bedeutete das nicht nur, dass es von nun an auch ein Vierrad-Cabriolet gab, sondern dass es über einen längeren Zeitraum hinweg in der Karosserievariante des 964 angeboten wurde. Technisch bekam der offene 911 alles geboten, was das Coupé auch auszeichnete. Für den Carrera 4 konnten die Zuffenhausener auf viel Knowhow zurückgreifen, das sie bei der Entwicklung des 959 gesammelt hatten. So wurde die Kraft beim Carrera 4 über ein Zentraldifferenzial mit einer variablen Sperre mit Drehmomentverteilung auf die Front- und die Hinterachse weitergeleitet. Somit konnten sich die beiden Achsen – vereinfacht ausgedrückt – stets die zur Verteilung bereitstehende Leistung holen, die für einen optimalen Vortrieb nötig war. Als Preis musste man im Modelljahr 1990 für ein **911 Carrera 4 Cabriolet** 131.300 Mark zahlen.

In der gleichen Preisliste war auch noch ein anderes Carrera Cabrio zu finden, das mit dem günstigeren Preis von 118.00 Mark zu Buche schlug: das **Carrera 2 Cabriolet**. Der Wagen hatte einen konventionellen Hinterachsantrieb. Dadurch wurde das Modell nicht nur leichter, sondern ließ sich auch agiler bewegen.

Bis zum Modellwechsel 1994 lieferte Porsche noch bis zum Dezember das Cabriolet mit der 964-Karosserie aus. 40 Prozent des 964 wurden übrigens als Cabriolet geordert. Zwar gab es dann eine kurze Zeit ohne offenen Elfer, doch die Fangemeinde wusste bereits, dass bald ein neues Cabrio in Aussicht sein würde. Porsche hatte die neue Karosserieform des 911 schon 1993 auf der Internationalen Automobilausstellung in Frankfurt vorgestellt. Der nun **993** genannte Wagen war dann im Frühjahr 1994 beim Genfer Automobilsalon als offener 911 zu sehen. Auch von ihm sollte es im Modelljahr 1995 wieder eine vierradgetriebene Version geben – zum stolzen Preis von 151.950 Mark.

Die Formen der Karosserie waren weicher geworden, ohne dabei unsportlich zu wirken, und der Innenraum wurde bequemer gestaltet, ebenfalls ohne die Sportwagen-Ausprägung zu verlieren. Zusätzlich kamen bei diesem Jahrgang einige Neuerungen gegenüber dem Vorgänger zum Tragen: So war oft nach einem Windschott gefragt worden, das die Frisuren der sportlichen 911-Fahrer und -Fahrerinnen mehr verschonen würde. Das Windschott stellte sich beim Öffnen des Verdecks vollautomatisch auf und verschwand beim Schließen ebenso vollautomatisch. Die Karosserie des offenen 993 wurde um zehn Prozent steifer, eine Verstärkung der A-Säule sorgte für einen besseren Überrollschutz, und die vorderen Gurte waren nun an der B-Säule befestigt.

Dass ein Cabriolet wintertauglich sein konnte, bewies das Carrera Cabriolet nicht nur durch ein sehr gutes Verdeck, sondern spätestens dann, als der Sportwagen auch als vierradgetriebener Carrera 4 auf die Straßen kam.

Eine andere Entwicklung sollte auch das Geschäft mit Übersee wieder beleben. Denn für die Länder USA, Kanada und Australien musste die Gurtanlage spezielle Anforderungen erfüllen, um dort als 2+2-Sitzer zugelassen zu werden. Und mit dem 993 wurden diese Kriterien wieder erreicht. Wie schon beim Vorgänger gab es auch für das 993 Cabriolet ein Hardtop – zum Aufpreis von 14.500 Mark. Dass dazu auch noch die Kosten für den Umbau des Stoffverdecks zum Hardtop beim Händler kamen, dürfte Porsche-Fans wohl kaum wirklich abgeschreckt haben.

Viel erstaunter waren vermutlich die meisten Porsche-Interessenten, als ihnen im März 1998 der Nachfolger des 993 beim Genfer Autosalon gezeigt wurde. Viele hatten es noch nicht überwunden, dass der neue Elfer nun mit Wasser gekühlt werden sollte und nicht mehr die Luft zum Atmen hatte. Aber das sollte selbstverständlich auch beim Cabriolet der Fall sein. Das offene Modell entsprach dem Coupé, die Scheinwerfer hatten eine starke Verwandtschaft mit denen des Boxster, der Innenraum glich ebenfalls seinem preisgünstigeren offenen Bruder.

Das Verdeck des Cabriolets war nicht nur raffiniert, weil es nun unter einer Klappe verschwand – das hatte es in den vergangenen

50 Jahren der offenen Porsche noch nie gegeben –, sondern auch, weil es auf drei verschiedene Weisen betätigt werden konnte. Im Wagen sitzend, drückte man natürlich auf den dafür vorgesehenen Knopf. Doch um das Verdeck auch von außen zu bewegen, konnte es mit der Fernbedienung oder mit dem Zündschlüssel im Türschloss geöffnet bzw. geschlossen werden. Ermöglicht wurden diese Varianten dadurch, dass der Mechanismus vollautomatisch ablief – und dabei vergingen gerade einmal 20 Sekunden.

Welche Stimmen auch immer bei dem neuen 911 Cabriolet laut wurden: Porsche ließ sich nicht von den Konzept des neuen wassergekühlten Sechszylinders abbringen, und als der allradgetriebene Carrera als Cabriolet 1999 auf den Markt kam, wurde es ebenso schnell zum Erfolg wie sein zweiradgetriebener Bruder.

Seitdem es einen offenen Porsche in den fünfziger Jahren gegeben hat, steht Porsche auch für offene Sportwagen. Ob es nun der Klassiker des 356 ist oder der neueste Elfer mit Vierradantrieb: Sportliche Offenheit ist eine Tugend, die Porsche unumwunden beherrscht.

Auch die neueste Generation des 911, die nun von einem wassergekühlten Sechszylindermotor angetrieben wird, gibt es wieder als Cabriolet.

Mercedes-Benz 600 SL

Der Traum vom Zwölfzylinder wird Wirklichkeit

Im Automobilbau lag seit jeher ein großer Schwerpunkt auf der Entwicklung von großvolumigen Motoren. Gleichzeitig ging damit oft der Beweis einher, dass ein Unternehmen über die entsprechend kompetente Ingenieursleistung verfügte. Bis zum heutigen Tag hat sich nichts daran geändert, dass Autohersteller ihren großen Modellreihen Moto-

Die elegante Seitenlinie ist allen Mercedes-Benz SL-Modelle gemeinsam. Den Zwölfzylinder unter der Motorhaube kann allerdings nur der 600er für sich verbuchen.

ren mit mehr als sechs Zylindern unter die Motorhauben implantieren. Die Tradition, starke Motoren zu entwickeln, reicht schließlich weit in die Anfänge des Automobilbaus zurück.

Dabei stellt das Stuttgarter Unternehmen Mercedes-Benz natürlich keine Ausnahme dar. Beim SL handelt es sich zwar bekanntermaßen weniger um eine große, repräsentative Limousine, als viel mehr um ein zweisitziges Cabriolet, das eher den Charakter eines sportlich-eleganten Wagens hat. Aber auch für diesen Wagen – oder gerade für ihn – schien sich ein V12-Motor mit einem Hubraum von sechs Litern anzubieten. Bis allerdings der **SL 600** Anfang der neunziger Jahre als Topmodell der SL-Baureihe reüssieren konnte, musste zunächst ein Punkt überwunden werden, der seit Jahrzehnten bei Mercedes-Benz unter keinem guten Stern stand: die Entwicklung eines Zwölfzylinders.

Zwar hatten die Stuttgarter schon in den dreißiger Jahren V12-Motoren gebaut, doch handelte es sich dabei um V12-Rennmotoren und Drei-Liter-Kompressor-Aggregate sowie Flugmotoren und Antriebe für den Nutzfahrzeugbereich. Auch wurden zwischen den Jahren 1938 und 1943 eine große Menge Zwölfzylindermotoren mit Hubraumwerten von sechs und sechseinhalb Liter gefertigt, doch denen standen gerade einmal 20 Versuchsfahrzeuge gegenüber. Nach dem Zweiten

Weltkrieg beschäftigte man sich bei Mercedes-Benz wiederum mit dem Thema V12, aber auch dieses Mal blieb es – auf Grund technischer Schwierigkeiten – bei einem Versuch.

Erfolgreicher und vor allem vielversprechender war nun das Unternehmen, das Mercedes in den achtziger Jahren startete. Unter der Bezeichnung KOMO – kurz für Kompaktmotor – stellten die Stuttgarter 1980 in ihrem Forschungsauto 2000 dieses Aggregat als V6-Triebwerk fast unbeachtet vor. Dieser Motor sollte als Grundlage für die nun zunächst ernsthaft geplante Entwicklung eines Zwölfzylinders dienen. Als am 29. Juli 1985 der erste Motor auf dem Prüfstand lief, betrug seine Leistung 312,8 PS (230 kW) bei einem maximalen Drehmoment von 455 Nm bei 4.000 Umdrehungen pro Minute. Eingebaut in einen 560 SL, übertrafen seine Fahrleistungen das Fahrzeug mit Achtzylinder-Serienantrieb, vor allem bei Geschwindigkeiten ab 140 km/h. Alles schien – technisch gesehen – bestens, bis am 5. Dezember 1985 entschieden wurde, die Weiterentwicklung des KOMO-V12-Motors einzustellen. Grund dafür war, dass zum Bau des KOMO neue Fertigungsanlagen notwendig geworden wären, da er sich in der Produktion zu sehr unterschied.

Durchaus mit Stolz tragen die großen SL-Modelle ihren Schriftzug auf dem Heck. Er steht schließlich für eine Höchstgeschwindigkeit von mehr als 250 Kilometer pro Stunde.

Doch mit dem KOMO-Projekt starb nicht die Idee – und auch nicht die Notwendigkeit, einen Zwölfzylinder zu bauen. Noch in den achtziger Jahren wurde das Unternehmen V12 wieder aufgenommen und Ende des Jahres 1986 mit der Lieferung der Motorenteile begonnen. Am 26. Februar 1987 kommt man zu dem Ergebnis, dass das erste lauffähige Triebwerk im Oktober desselben Jahres fertiggestellt sein sollte. Und nur wenige Wochen später – am 2. April 1987 – gab der Vertriebsvorstand Eberhard Herzog bekannt, dass man auch an die Verwendung des V12-Motors im SL – intern R 129 genannt – denke. Das war die Geburtsstunde des SL 600.

Von dieser ersten Baustufe des Zwölfzylinders – mit der internen Motorenbezeichnung M 120 – wurde zirka 40 Stück gefertigt. Die nachfolgende Entwicklungsstufe brachte 70 Exemplare hervor, die auch schon teilweise im Fahrzeug erprobt wurden. Darunter waren schon Testläufe mit dem R 129.

Seine Premiere hatte der neue Zwölfzylinder dann im Sommer 1992, wo er es auf eine reduzierte Leistung von 395 PS (295 kW) brachte. Der V12 für die Limousine W 140 leistete stattliche 408 Pferdestärken (300 kW).

Den Wert von 400 PS behielt der SL 600 auch dann bei, als der Wagen als Topmodell der Cabriolet-Baureihe vom 1. Oktober 1992 an zum stolzen Preis von 217.740 Mark bei den Händlern stand. Optisch unterschied sich der große SL nicht von seinen schwächeren Brüdern, außer die Besitzer bestanden auf das Typenschild mit der V12-Bezeichnung auf dem Kofferraumdeckel und an den Kühlluft-Auslässen in den vorderen Kotflügeln. Für den Einbau in das 4,47 Meter lange Cabriolet mussten einige Änderungen vorgenommen werden. Verändert wurden die Ölwanne, der Luftfilter, die Kraftstoff-, Kühlmittel- und Entlüftungsleitungen, die Verkabelung der Motorelektrik, die Auspuffkrümmer und die Abgasanlage.

Von Anfang an präsentierte der SL 600 die automobile Oberklasse, was sich nicht nur im Preis ausdrückt (er war immerhin mehr als 60.000 Mark höher als der des SL 500). Gerechtfertigt wurde der Unterschied durch eine edlere und auch technisch aufwendigere Ausstattung des 600ers. Außer der Verwendung von Wurzelholz, einer Klimaanlage und elektrisch bedienbaren Spiegeln sowie Sitzen mit Heizung waren auch technische Sicherheitssysteme wie ADS (Adaptives Dämpfungssystem mit Niveauregulierung) und ASR (Antischlupfregelung) im Preis inbegriffen.

Durch diese Zusatzsysteme und auch den schwereren Motor erhöhte sich das Gewicht des SL 600 um etwa 110 Kilogramm gegenüber dem 500er. Aber dank der starken Motorleistung vollzog der SL 600 den Spurt von Null auf 100 km/h in 6,5 Sekunden. Die Höchstgeschwindigkeit lag bei mehr als 250 Stundenkilometern.

Als der SL 600 Anfang der neunziger Jahre auf den Markt kam, stellte er unumstritten für Mercedes-Benz den in Blech verwirklichten Traum vom Zwölfzylinder dar. Seit Beginn seiner Produktionszeit ist er ein Wagen, der nicht nur seine elegante Erscheinung beibehalten hat, sondern der nach wie vor auch technisch „top" zu nennen ist. In jedem Fall ist er das Sinnbild dessen, was viele mit einem Wagen der Oberklasse verbinden.

Seit der SL 600 am 1. Oktober 1992 zu einem Preis von mehr als 210.000 Mark aus den Verkaufsräumen rollte, gehört er zu den Cabriolets, die sich vor allem in den Garagen der Oberklasse befinden.

Alfa Romeo R.Z.

Schön oder hässlich?

Wenn man den Alfa Romeo R.Z. das erste Mal in natura sieht, stockt einem nahezu der Atem – und es steht zwangsläufig eine einzige Frage im Raum: Ist er nun schön oder hässlich?

Mit dieser Optik ist der Alfa Romeo R.Z. in vielerlei Hinsicht ein würdiger Nachfolger all der Zagato-Modelle, mit der dieses in Mailand beheimatete Karosserieunternehmen immer wieder über die Jahrzehnte hinweg die Autoenthusiasten gleichermaßen erschreckte und begeisterte. Hinter der – nach Bertone – zweitältesten italienischen Carrozzeria steckte Ugo Zagato, der bereits 1919 in der Ortschaft Rho bei Mailand damit begann, selbst entworfene Blechkleider über das Holzchassis der Fiat-501-Modelle zu stülpen.

Nach ersten beachtlichen Anfangserfolgen konzentrierte sich Zagato dann in den dreißiger Jahren hauptsächlich auf Alfa-Romeo. Und hier wurden die sportlichen Zagato-Entwürfe – hauptsächlich auf der Basis der Modelle 6 C 1500 und 6 C 1750 – rasch zu den gesuchtesten Autos überhaupt, denn Zagato fand einen völlig eigenen Stil, der Leichtbau und Eleganz unnachahmlich vereinigte.

Nach dem Krieg übernahmen seine Söhne Elio und Gianni Zagato das Unternehmen – und mit ihren extrem leichten Aluminiumkonstruktionen, die von den legendären Alfetta-Grand-Prix-Wagen der Jahre 1950 und 1951 über die Alfa-Romeo-Modelle TZ 1 und TZ 2 bis hin zu etlichen Sonderkarosserien auf der Basis von Maserati-, Lancia- und Ferrari-Sportwagen reichten, eroberten sie sich eine breite Käuferschicht. Doch die engste Zusammenarbeit bestand immer zwischen Alfa-Romeo und Zagato – auch wenn zuweilen Sonderaufträge aus Häusern wie Bristol, Aston Martin (hier schuf Zagato mit dem in nur 19 Exemplaren gebauten DB 4 GTZ einen der aufregendsten Sportwagen aller Zeiten) oder Lamborghini für zusätzliche Publizität sorgten. Mit die größten Stückzahlen erreichte Zagato mit dem Alfa-Romeo 1300 und 1600 GTJ Zagato, der in der Zeit von 1969 bis 1975 in 408 Exemplaren entstand.

Mitte bis Ende der achtziger Jahre war die große Zeit der limitierten Sonderausgaben – Ferrari kam mit zuerst mit dem 288 GTO, dann folgte der F 40, während Porsche insgesamt 272 Exemplare des legendären 959 verteilte. Aston Martin setzte auf ein ebenfalls von Zagato gestyltes Coupé, von dem 50 Exemplaren entstehen sollten, und eine offene Cabrio-Variante, von der nur 25 Stück die Werkshallen in Newport Pagnell verließen – und Jaguar kündigte den XJ 220 an, von dem letztlich etwa 270 Exemplare gebaut wurden. In dieser Zeit, in der den Firmen limitierte Sonderserien nur so aus den Händen gerissen wurden, überraschte Zagato 1989 die Welt erneut mit einem absolut außergewöhnlichen Alfa-Romeo: dem **S.Z.**.

Hinter dem Kürzel stand ein kompromissloses Coupé, dessen keilförmige Hülle nur eine Botschaft hatte: Ich bin anders als die anderen. Und in der Tat signalisierte dieses zur Realität gewordene Designstück, dass sich das Haus Zagato einmal mehr weit von den gängigen ästhetischen Normen entfernt hatte – und die Öffentlichkeit akzeptierte den S.Z. als zwar extrovertiert, aber auch einzigartig.

Unter der Kunststoffkarosserie verbarg sich ein nahe an den Rennsport angelehntes Fahrwerk, das in etlichen Details mit dem von Fahrzeugen der Gruppe A identisch war. Daraus resultierte ein zwar straffes, aber bis in höchste Kurvengeschwindigkeiten perfekt ausbalanciertes Fahrverhalten, mit dem der – hoffentlich kundige – Fahrer auf kurvenreichen Strecken auch weitaus stärkeren Fahrzeugen Paroli bieten konnte. Dabei war der S.Z. mit einem völlig serienmäßigen 3,0-Liter-Sechszylinder des 164er ausgestattet, dessen 210 PS für eine Höchstgeschwindigkeit von 245 km/h und eine Beschleunigungszeit von 7 Sekunden von Null auf 100 km/h sorgten.

Der Keil auf Rädern: mit dem R.Z. bauten Alfa Romeo und die Karosseriefirma Zagato eines der kompromisslosesten Cabriolets aller Zeiten.

Hinter der großen Heckklappe verbarg sich nur ein Reserverad – das Reisegepäck hatte hinter den beiden Schalensitzen seinen Platz zu finden.

Bei einem Leergewicht von 1.260 Kilogramm boten die 210 PS ein beachtliches Temperament – wobei das in Leder ausgestattete Interieur und die großzügig dimensionierte Klimaanlage zusammen mit dem großen, hinter den beiden Schalensitzen positionierten Kofferraum auch zu längeren Fahrten animierte. Genau 1.000 Exemplare baute Zagato zusammen mit Alfa-Romeo – und der Kaufpreis von 79.000 Mark trug seinen Teil dazu bei, dass der S.Z. relativ rasch seine Käufer finden konnte.

Nachdem sich der Verkauf – und das aus dem S.Z. gewonnene Image – so gut angelassen hatte, begann man sich bei Zagato bald Gedanken darüber zu machen, wie man aus dem S.Z. einen **R.Z.** machen könnte – wobei R.Z. für **Roadster Zagato** stehen sollte.

Im Oktober 1992 stand der R.Z. dann erstmals auf dem Pariser Automobilsalon – und prompt avancierte der noch futuristischer gestylte Roadster zu einem Liebling der „selected few", die dem nun offenen Keil relativ schnell verfielen. Zwar hatten die zusätzlichen Versteifungsmaßnahmen das Gewicht des R.Z. auf 1.380 Kilogramm ansteigen lassen – womit auch die Höchstgeschwindigkeit um 15 auf 230 km/h sank, während der Spurt von Null auf 100 km/h auf 7,5 Sekunden anstieg –, doch die tiefe Sitzposition in den hervorragenden Schalensitzen vermittelte hinter der weit nach hinten gezogenen Frontscheibe eine

derart kuschelige Haltung, dass man zu jeder Tages- und Nachtzeit bereit gewesen wäre, von Hamburg nach Brindisi zu reisen. Zwar hatte der zur Verfügung stehende Kofferraum etwas unter dem glatt abgeschnittenen Dach gelitten, doch der mehr als 130.000 Mark teure R.Z. entpuppte sich mit der Hilfe seines großartigen Fahrwerks und des röhrenden Sechszylinders als gediegene Fahrmaschine ersten Ranges.

Ganze 270 Exemplare wurden von diesem raren Gefährt von Hand montiert – 500 sollten es ursprünglich werden, doch die Rezession sorgte dafür, dass das Geld nicht mehr in dem zuvor gewohnten Umfang zur Verfügung stand. Die letzten Exemplare wurden sogar mit Nachlässen abgegeben – glücklich, wer diese Chance ergriff.

Mögen sie heute noch etwas vergessen sein – in den nächsten Jahren werden der S.Z. und der R.Z. sicherlich wieder an Bedeutung gewinnen. Schließlich gibt es nur wenige Fahrzeuge, die von zwei so großen Namen wie Alfa-Romeo und Zagato zu zwei außergewöhnliche Modellen zusammengefügt und in kleinsten Stückzahlen an eine handverlesene Kundschaft verteilt wurden. Und das beste von allem: Unter der beeindruckenden Motorhaube verbirgt sich hinter den sechs kleinen Scheinwerfern ein Sechszylinder, der seine Seriennähe nicht verbergen kann – also wird dieses Triebwerk auch noch in 50 Jahren röhren, und schließlich wird die Ersatzteilversorgung nie ein Problem sein.

Ganze 270 Exemplare entstanden von dem Alfa Romeo R.Z. – mehr wollte der Markt damals nicht abnehmen. Dafür ist der R.Z. heute bereits eine gesuchte Rarität.

Aston Martin DB 7 Volante

Understatement pur

Prinz Charles dürfte zweifellos der berühmteste Eigner eines Aston Martin sein – oder genauer gesagt: von nicht weniger als drei Gefährten aus der kleinen Luxuswagen-Schmiede im britischen Newport Pagnell. Kein Wunder, dass diese handgearbeiteten Preziosen aus dem kleinen Städtchen in Großbritanniens besserer Gesellschaft einen ganz besonderen Ruf haben. Dabei war die kleine Firma – die seit einigen Jahren zum Ford-Konzern gehört – auch schon lange vor dem Prince of Wales der Hoflieferant edelster Kreise und nebenbei auch einige Jahre lang im Motorsport ganz vorne dabei. So gewannen beispielsweise Carroll Shelby – der uns auch im Kapitel über die A.C. Cobra begegnet – und Roy Salvadori 1959 die „24 Stunden von Le Mans" und die Markenweltmeisterschaft für Sportwagen vor Ferrari.

Die eigentliche Geschichte des Unternehmens beginnt jedoch wesentlich früher – wobei die Geburtsstunde nicht mehr zu eruieren ist. War es 1914, als Lionel Martin mit einem modifizierten „Singer" das Aston-Clinton-Bergrennen gewann? In diesem Jahr bauten Martin und sein Mitstreiter Robert Bamford auch einen ersten eigenen Prototyp. Oder war es 1920, als der zweite Prototyp entstand? Oder gar erst 1921, als das erste eigene Auto in Le Mans auftauchte (und den sechsten Rang belegte) und im Londoner Stadtteil Kensington die ersten Fahrzeuge entstanden?

Die nächsten Jahre überstand Aston Martin – wie so viele Unternehmen – nur mit größten Mühen. Unterstützt von finanzstarken Rennenthusiasten konnten bis zum Zweiten Weltkrieg ein paar hundert Fahrzeuge gebaut und verkauft werden, die sich durch ihre Handlichkeit und ihre sportlichen Erfolge auszeichneten. Nach dem großen Krieg erwarb dann der Industrielle David Brown die Firmen Aston Martin und Lagonda – und dank seiner Finanzstärke kamen mit den Modellen **DB 2** (DB stand und steht bis heute für David Brown), **DB 4**, **DB 5** und **DB 6** einige der interessantesten britischen Sportwagen aller Zeiten auf die Straße. Modelle, die zwischen 3,7 und 4,0 Liter Hubraum und zwischen 240 und 302 PS leisteten. Besondere Popularität erlangte die Firma durch den James-Bond-Thriller „Goldfinger", in dem der unvergleichliche Sean Connery einen besonders präparierten DB 5 bewegen durfte.

In den fünfziger Jahren waren die Aston Martin-Coupés aber auch oft und erfolgreich auf den Rennstrecken zu sehen, wo sich besonders der **DB 4 GT** und der noch seltenere **DB 4 GTZ** (Z stand für die besonders leichte Zagato-Karosserie) bewährten. Beide Modelle, von denen nur 75 bzw. 19 Exemplare entstanden, zeichneten sich durch einen kürzeren Radstand und einen mit schärferen Nockenwellen, größeren Vergasern, Doppelzündung und höherer Verdichtung präparierten 4,0-Liter-Sechszylinder mit 302 PS Leistung aus, der in den Händen eines Stirling Moss oder Roy Salvadori auch den Ferrari-Berlinettas Paroli bieten konnte.

Noch seltener waren freilich die Cabriolet-Versionen, die – stets mit der Bezeichnung **Volante** geadelt – nur in kleinsten Stückzahlen zu horrenden Preisen von Hand gebaut wurden. So entstanden vom DB 4 Volante ganze 70 Stück, während die DB 5 Volante-Variante immerhin 123 Käufer fand. Vom DB 6 Volante wurden 177 Exemplare montiert.

1967 lief dann die DB-Baureihe mit den großen Sechszylindern aus – man hatte in Newport Pagnell erkannt, dass der Reihensechszylinder langsam am Ende war. Und so schuf der Chefingenieur Tadek Marek einen neuen, 5,3 Liter Hubraum großen Achtzylinder mit vier obenliegenden Nockenwellen, der bis heute zum Einsatz kommt. Allerdings hatte sich das von Hand montierte Triebwerk – jeder Motor trägt eine Plakette mit dem Namen seines Erbauers – aus Aluminium im Laufe der Jahre etlichen Mutationen zu unterziehen, denn die Abgasgesetz-

Eine der großen Raritäten von Aston Martin: Von dem DB 5 Short-Chassis Volante entstanden Ende der sechziger Jahre ganze 37 Exemplare. Heute sind diese Fahrzeuge nahezu unbezahlbar.

gebung ging natürlich auch nicht an diesem bereits in der Urfassung 375 PS starken Motor vorbei.

Im Oktober 1967 lief die Produktion des **Aston Martin DB S** an, der zuerst noch mit dem alten Sechszylinder angeboten wurde. Doch dann hatte der neue Achtzylinder endlich die Serienreife erlangt und kam als **DB V8** ins Programm – und sofort war der 257 km/h schnelle Wagen ein Muss in der besseren Gesellschaft. Aber die Geschäfte gingen nicht mehr so gut, und die erste Ölkrise brachte auch diese stolze Marke nahezu an den Rand des Ruins, dem damals Marken wie Iso Rivolta, Jensen oder Bizzarini zum Opfer fielen. Von 1974 bis 1976 war das Werk geschlossen, dann gelang es ein paar Amerikanern und Engländern, die Produktion Stück für Stück wieder zum Laufen zu bringen – und 1978 kam endlich wieder ein Volante ins Programm, der mehr als ein Jahrzehnt lang im Angebot blieb.

Dank seiner großen Beliebtheit – mehr als die Hälfte aller Fahrzeuge wurden als Volante gebaut – konnte sich Aston Martin langsam erholen und sogar 1977 mit dem **Aston Martin Vantage** eine besonders sportliche Variante anbieten, die anfänglich 421, später bis zu 450 PS (331 kW) ablieferte und mehr als 270 km/h Höchstgeschwindigkeit ermöglichte. Natürlich gab es auch gleich Kunden, die den Vantage-Motor in ihrem Volante haben wollten, und so entstand der **Vantage-Volante** als Topmodell – eine relativ selten gebaute Version, die auch in der Garage des Prince of Wales (neben einem DB 6 Volante) Platz gefunden hat.

Der Aston Martin Volante der siebziger und achtziger Jahre wurde von einem bis zu 450 PS starken Achtzylinder angetrieben – einer der Kunden dieses Modells war auch Prinz Charles.

Es sollte etliche Jahre dauern, bis sich Aston Martin – nun im Besitz der Unternehmerfamilien Gauntlett und Livanos – wieder an ein neues Modell wagte: 1988 stand der Neue unter der Bezeichnung **Virage** bei den Händlern – und unter der Aluminium-Motorhaube arbeitete auch hier der wieder einmal weiterentwickelte Achtzylinder des Exil-Tschechen Tadek Marek. Und wie nicht anders zu erwarten, folgte relativ rasch im September 1990 eine Volante-Version.

Als Ford dann Mitte der neunziger Jahre die Herrschaft bei Aston Martin übernahm, war den Amerikanern zweierlei klar: Erstens hatten sie einen Schatz übernommen, der auch weiterhin nur in homöopathischen Dosen seinen Charme versprühen konnte. Und zweitens musste eine zweite Modellreihe in etwas größeren Stückzahlen und zu etwas moderateren Preisen – die Preise der Achtzylindermodelle hatten sich mittlerweile je nach Motorisierung (der Vantage Le Mans leistet als Topmodell glatte 600 PS bzw. 441 kW) zwischen 398.000 und 575.000 Mark eingependelt – für eine finanzielle Entlastung sorgen.

Das Ergebnis war dann erstmals im März 1993 auf dem Genfer Automobilsalon zu sehen – Aston Martin hatte zur alten Nomenklatur gegriffen und den Neuen **DB 7** betitelt. Unter der hinreißenden Karosserie sorgte nun ein 3,2-Liter-Sechszylinder mit einem Kompressor für beeindruckende 340 PS (250 kW) Leistung, und mit einem Preis von etwa 220.000 Mark konnte der DB 7 nun wieder gegen andere Modelle wie die Achtzylinder aus Maranello – Ferrari – oder einen Porsche Turbo antreten. Auch hier stand bald ein Volante zur Verfügung, und natürlich entwickelte sich auch dieses Modell rasch zu einem Bestseller.

Wohin die Zukunft von Aston Martin führt? Nach den langen Jahren ständig wechselnder Besitzer hat Ford nun ein hohes Maß an Konti-

Ein nahezu unbezahlbares Meeting: sechs Volante-Generationen. Besonders rar ist der vorne quer stehende Zagato-Volante, von dem nur 25 Stück entstanden.

nuität nach Newport Pagnell gebracht – mit dem Geld des Autogiganten konnten die Modelle nun das hohe Maß an Ausgereiftheit erlangen, auf das die Besitzer bislang zuweilen warten mussten. Und mit dem neuen 6-Liter-Zwölfzylinder mit nicht weniger als 420 PS, der den neuen **DB 7 Vantage** zu knapp 300 km/h Höchstgeschwindigkeit treibt, verfügen die Briten nun ebenfalls über einen Motor, mit dem sie durchaus Ferrari und Lamborghini herausfordern können.

Von dem DB 7 Vantage ist auch eine Cabrio-Version mit dem vertrauten Namen Volante entstanden – und dass dieses Modell statt der 298 km/h nur 275 km/h erreicht, werden ihm seine Käufer wohl verzeihen. Schließlich sind die handgebauten Aston Martin-Modelle eigentlich mehr zum Cruisen als zum Rasen gebaut.

Nachfolgende Doppelseite: Mit zwölf Zylindern und mit 420 PS Leistung gehört der neue Aston Martin DB 7 Vantage Volante zu den schnellsten und aufregendsten Sportwagen der Welt.

Bentley Azure

Der König der Côte d´Azur

Walter Owen Bentley, 1888 als neuntes Kind einer gutsituierten Familie in London geboren, sammelte zunächst als Eisenbahningenieur Erfahrungen, bevor er sich um die Triebwerke von Flugzeugen kümmerte. Berühmt wurde W. O. Bentley aber erst, als er 1921 in Cricklewood mit dem Bau großer, schwerer und zumeist dunkelgrün lackierter Rennsportwagen begann – Fahrzeuge, die in den zwanziger Jahren nicht weniger als fünf Siege bei den „24 Stunden von Le Mans" erringen konnten.

W. O. Bentley war jedoch – ähnlich wie Ettore Bugatti – kein Fabrikant im landläufigen Sinn, sondern eher ein Ästhet des Automobilbaus, auch wenn seine wuchtigen und massiven Gefährte von Bugatti als „Traktoren auf Rädern" verspottet wurden. Die handgefertigten Modelle kamen nur in geringen Stückzahlen auf den Markt – bis 1929 konnten ganze 1.622 Fahrzeuge verkauft werden, dann unterstützte der Millionär Woolf Barnato das stets unter Finanzschwäche leidende Unternehmen. 1931 übernahm dann Rolls-Royce die prestigeträchtige Autoschmiede – um die Marke mit dem geflügelten „B" auf dem Kühlergrill in den nächsten Jahrzehnten als sportliche Alternative zu den an sich eher staatstragenden Automobilen von Rolls-Royce zu positionieren.

Anfang der fünfziger Jahre tauchte dann erstmals der Typ Continental im Bentley-Programm auf. Die Geburtsstunde des **R-Type Continental** dürfte im August 1951 zu finden sein, als der erste Prototyp eines neuen viersitzigen Coupés mit dem Kennzeichen „OLG 490" zugelassen wurde – weswegen die Neuentwicklung auch den Spitznamen Olga erhielt. 1952 ging der Bentley Continental in Produktion – zur damaligen Zeit mit knapp 192 km/h die schnellste viersitzige Limousine der Welt. Der Grundpreis wurde auf 4.890 Pfund Sterling festgelegt, und zunächst war die gesamte Produktion nur für den Export bestimmt. Erst gegen Ende des Jahres wurden auch die ersten Fahrzeuge in Großbritannien ausgeliefert – zum Preis von 7.608 Pfund, 3 Schilling und 4 Pence, was heute einem Äquivalent von weit über 100.000 Pfund entspricht.

Den ersten Fahrbericht durfte die Zeitschrift „The Autocar" schreiben – der enthusiastische Bericht zieht den märchenhaften fliegenden Teppich als Vergleich heran, um die mühelose Leichtigkeit des Reisens mit diesem Gefährt zu beschreiben.

Ganze 208 Exemplare entstanden bis 1955 von diesem ersten Continental, dann folgten von 1955 bis 1965 an weitere zweitürige Coupés, Cabriolets und viertürige Limousinen der Serien S 1 bis S 3, die von Bentley unter dem Begriff Continental verkauft wurden – alles

Rechts:
Ein Erlebnis, das sich nur die Wenigsten leisten können: an einem Sonnentag mit einem Bentley Azure dahinzurollen.

handgefertigte Einzelstücke, die von den Reichen dieser Erde in homöopathischen Stückzahlen und zu immensen Preisen bestellt wurden.
Modelle, die heute zu den gesuchtesten britischen Automobilen überhaupt zählen.

Es sollte bis zum 5. März 1991 dauern, bis – unter den Augen einer
überraschten Öffentlichkeit – erneut ein Continental zu besichtigen
war. Der Ort des Geschehens: der Genfer Automobilsalon. Exakt um
11 Uhr rollte der erste neue **Continental R** zu der Musikkomposition

**Nachfolgende Doppelseite:
Natürlich funktioniert beim
Azure alles automatisch –
so gleitet auch das Dach
lautlos auf und zu.**

„Zadok der Priester" von Georg Friedrich Händel auf den Rolls-Royce-Stand. Hinter dem ersten neuen eigenständigen Bentley-Coupé seit den fünfziger Jahren stand der Erfolg des **Bentley Turbo**, einer 300 PS (221 kW) starken Limousine, die sich seit ihrer Präsentation im Herbst des Jahres 1982 nicht nur prächtig verkauft hatte, sondern die auch der nahezu am Ende befindlichen Marke Bentley neuen Lebensmut eingeflößt hatte. Der Turbo, der im Laufe der Jahre als **Turbo R** immer weiter verfeinert und am Ende seiner Produktionszeit im Jahr 1997 mit bis zu 426 PS oder 313 kW Leistung ausgestattet wurde, bot natürlich eine perfekte Basis für ein in Luxus und Leistung schwelgendes Coupé, das von 1985 an entwickelt wurde.

Im Dezember 1987 war das erste 1:1-Modell des Continental R fertig gewesen, dem alle Beteiligten auf Anhieb bescheinigten, dass die Designer auf der Basis eines sehr großen Autos eine klassische, elegante Form im Stil der alten Continental-Tradition geschaffen hatten. Im Laufe des darauffolgenden Jahres erbrachten dann erste, handgefertigte Prototypen in der Wüste und im ewigen Eis den Nachweis dafür, dass der Continental auch unter extremen Wetterbedingungen problemlos lief – und von 1991 an kamen dann die ersten Fahrzeugen zum stolzen Preis von 170.000 Pfund (oder 462.500 Mark) zu den Händlern.

Nicht weniger als 629.996 Mark muß man für die Basisversion des Bentley Azure ausgeben – teurer ist derzeit kein neues Cabriolet zu erwerben.

Es sollten vier weitere Jahre seit der Vorstellung des Continental R ver-
gehen, bis das Unternehmen – wieder einmal in Genf – die Cabriolet-
Version präsentierte. Das neue zweitürige und viersitzige Gefährt bekam den Namen **Azure** mit auf den Weg, eine Hommage an die Côte
d'Azur und deren stetig blauer Himmel, unter dem das Dahingleiten
mit dem neuesten Bentley so viel Freude bereitet.

Nicht weniger als 629.996 Mark müssen Interessenten für einen
Azure ausgeben, um in den Besitz der Schlüssel zu kommen – und wer
die 420 PS (309 kW) starke, sportlicher abgestimmte **Azure Mulliner**-
Variante besitzen möchte, hat sogar 676.512 Mark zu überweisen. Für
diesen immensen Preis erhält er aber nicht nur ein handgearbeitetes Ju-
wel, bei dem jegliche Wünsche an Sonderausstattungen erfüllt werden
können, sondern auch ein beachtlich agiles Gefährt, dem ein Achtzylinder-V-Motor mit 6.750 ccm Hubraum und einem Garrett-Turbolader zu
nicht weniger als 389 PS (286 kW) verhelfen. Noch beeindruckender ist
das maximale Drehmoment von 750 Nm, das bereits bei 2.000/min be-
reitsteht – und sich damit in keiner Weise von dem größerer Lastwagen
unterscheidet.

Dementsprechend locker und entspannt lässt sich der Azure auch
fahren: Es genügt bereits ein Streicheln des Gaspedals, um das immerhin 2.610 Kilogramm schwere Cabriolet
wie einen Sportwagen beschleunigen zu
lassen – nach 6,3 Sekunden ist bereits die
100-km/h-Grenze erreicht, und erst bei
241 km/h hat die Beschleunigung ein Ende. Über die Verbrauchswerte schweigt
der Gentleman – aber sie sollen selten
die 20-Liter-Grenze unterschreiten.

Allerdings wird der Azure wohl nur
selten gehetzt. Seine Domäne ist das
sanfte Dahingleiten, die lange Reise ohne
Zeitdruck. Dafür verwöhnt er seine vier
Insassen mit feinstem Connolly-Leder
und Holzintarsien ohne Ende. Und über
sonstige Annehmlichkeiten wie eine perfekte Klimaanlage, ein elektrisch verstell-
bares Dach oder elektronische Helferlein
wie ABS oder ASR muss auch nicht weiter
diskutiert werden – sie sind einfach
selbstverständlich.

**Perfekte Handarbeit:
An einem Azure arbeitet
eine Vielzahl von Hand-
werkern über Monate
hinweg, bis das Gefährt
ausgeliefert werden kann.**

Der Azure ist der perfekte Gran
Turismo für die entspannte Reise über
große Distanzen – und er ist damit seinem Vorfahren vor knapp 50 Jahren nicht
unähnlich. So haben die Zeilen in „The
Autocar" ihre Gültigkeit behalten: „Dieser Bentley ist ein moderner fliegender
Teppich, der große Entfernungen schein-
bar mühelos bewältigt und seine Insassen völlig ermüdungsfrei am Zielort
abliefert."

Porsche Boxster

Der Tradition auf moderne Weise verbunden

Als die zweite selbstständige Baureihe – neben dem 911 – wollte Porsche den Boxster positionieren. Und er hat sich tatsächlich zu einem wichtigen Standbein entwickelt. Im Bild der Boxster S von 1999.

Wer an Porsche denkt, dem fällt fast immer auch 911 ein. Schließlich ist er der klassische Sportwagen, der sich seit mehr als 30 Jahren nicht nur bewährt, sondern auch wie kein anderes Fahrzeug für das Haus Porsche steht. Dieses Erfolges war man sich im Schwäbischen auch sehr lange Zeit sicher, denn schließlich gab es weltweit immer genug Menschen, die sich einen Elfer leisten konnten – und die Absatzzahlen waren viele Jahre entsprechend erfreulich.

Doch ein kleines Unternehmen mit exklusiven Produkten ist wesentlich konjunkturabhängiger als Massenproduzenten. Und als zu Anfang der neunziger Jahre das Geld anscheinend nicht mehr so locker in

den Taschen saß, musste sich Porsche ernsthafte Gedanken über die eigene Zukunft machen. Aus dieser Situation heraus sollte also eine zweite Baureihe entstehen, die zum einen das Geschäft wieder beleben, zum anderen aber auch dem Anspruch des Hauses rundum gerecht werden sollte. Letzteres schien nicht allzu schwierig, da man ja auf eine einschlägige Tradition zurückblicken konnte. Der Vorstandsvorsitzende Wendelin Wiedeking formulierte es so: „Wir sind die Sportwagen-Spezialisten. Nur wir bauen seit rund 50 Jahren Sportwagen – und diesen Vorsprung an Erfahrung kann uns niemand nehmen."

Und so sollte der neue Sportwagen, ein zweisitziges Cabriolet, als Studie erstmals 1993 zur Detroit Motor Show zu sehen sein. Schon damals hieß der Wagen **Boxster**, eine witzige Mischung der Worte Boxer und Speedster, die ja beide auf eine lange Tradition im Hause Porsche zurückblicken können.

Bevor der neue Porsche in Detroit zu sehen war, standen natürlich zahlreiche Punkte im Lastenheft des Boxster zur Erfüllung an. Zum einen sollte es eben ein völlig „neuer" Porsche werden, zum anderen aber auch ein „echter" Porsche. Als die ersten Ideen für den Boxster zusammengetragen wurden, erinnerte man sich selbstverständlich an die große und vielseitige Tradition, auf die das Haus Porsche zurückblicken konnte. Für Horst Marchart, Technik-Vorstand bei Porsche, war von Anfang an klar, „dass wir für den Boxster die Vergangenheit zitieren mussten – nicht weil es derzeit vielleicht ‚in' sein mag, in der Erinnerung zu kramen, sondern weil sich ein Unternehmen wie Porsche nur dann treu bleiben kann, wenn es seine Geschichte kennt und auch zu deuten weiß."

Außer der Tradition gab es natürlich auch ganz handfeste Überlegungen, wie man den Boxster, der ja schließlich preislich deutlich unterhalb eines Elfers angesiedelt sein sollte, kostengünstig produzieren konnte. Und das Zauberwort dafür hieß: Teilegleichheit. Möglichst viele Komponenten des 911 sollten auch im Boxster verbaut werden. Damit würde nicht nur die Produktion einfacher, sondern auch die Abhängigkeit von konjunkturellen Schwankungen geringer. Eine Vorgehensweise, die Wendelin Wiedeking folgendermaßen erklärte: „So ist es uns nun möglich, mit relativ vielen identischen Komponenten zwei völlig unterschiedliche Fahrzeuge zu bauen, mit denen wir immer an der oberen Produktionsgrenze fahren können."

Entscheidend für den Erfolg des Boxster war auch das Motorenkonzept, denn schließlich blickte Porsche dabei auf eine langjährige Erfahrung zurück. Der erste Porsche – im österreichischen Gmünd 1948 gefertigt – hatte bekanntermaßen sein Aggregat vor der Hinterachse montiert. Beim Boxster entschied man sich für ein Mittelmotorprinzip, wie es auch schon der legendäre 550 hatte, der 1953 beim Pariser Autosalon präsentiert worden war und der bis heute nicht nur für eine sehr erfolgreiche Rennwagenkategorie steht, sondern auch – dank seiner schnittigen Karosserie – für Jugendlichkeit. Man denke nur daran, dass einen solchen Wagen auch James Dean gefahren hatte.

Und eine jüngere Klientel waren auch genau die Kunden, die man sich bei Porsche für den Boxster vorstellte. Die Käufer sollten im Durchschnitt nicht nur rund zehn Jahre jünger sein als die eines 911 – nämlich etwa 35 Jahre –, sondern es sollten auch verstärkt Frauen zum Kauf

Der 1996 vorgestellte Boxster verfügte über einen Sechszylinder-Boxermotor mit 201 PS Leistung.

eines Boxster animiert werden. Man erhoffte sich eine Verdopplung der weiblichen Kundschaft. Aus dieser Erkenntnis schloss sich eine ganz klare Vorgabe für die Optik des Boxster an. Das Blechkleid musste moderner, sogar modischer sein, denn man ging davon aus, dass diese jüngere Käuferschicht eher extrovertiert sei und die klassischen Linien des 911 zwar schätzte, aber einen auffälligeren Wagen – zum günstigeren Preis – bevorzugen würde. Aber auch in Anbetracht der Fahrerinnen musste der Wagen bestimmten Bedingungen gerecht werden. Eine hohe Alltagstauglichkeit und ein guter Praxiswert wurden als so wichtig eingeschätzt, dass man entsprechende Details von Anfang an mit einplante. Darunter fielen ein leicht zu handhabender Verdeckmechanismus, sich weit öffnende Türen, viel Stauraum im Wageninneren und vor allem zwei große Kofferräume.

Da ein Porsche aber auch ganz entscheidend vom Motor lebt – und da sind praktisch alle Porsche-Fahrer gleich, ob jünger oder älter –, musste der Boxster auch einen Antrieb bekommen, der ihn zu einem echten Porsche machte. Außer dem Mittelmotorkonzept musste der neue Motor auch den Anforderungen der Zeit bezüglich Abgasen und Verbrauchswerten entsprechen. „Wir mussten eine sehr viel besseren Motor entwerfen, den herzustellen einen Bruchteil seines Vorläufers kosten würde," sagte Jürgen Kapfer, Fachprojektleiter der Motorenkonstruktion für den Boxster. Dabei herausgekommen ist ein Sechszylinder, der von der traditionellen Luftkühlung Abschied genommen hat und mit Wasser temperiert wird. Der Boxster schöpft aus 2.480 ccm eine Leistung von 201 PS (150 kW). Sein maximales Drehmoment von 245 Newtonmeter liegt bei 4.500/min an. Der wassergekühlte Alu-

Mit dem Boxster konnte Porsche nicht nur wegen des günstigeren Preises, sondern auch wegen seiner modischen Optik verstärkt eine jüngere Klientel erreichen.

minium-Boxermotor ermöglicht dem 1,3 Tonnen schweren Wagen entsprechende Fahrleistungen: Den Spurt von Null auf 100 km/h vollzieht er in 6,9 Sekunden.

Als der Boxster im Januar des Jahres 1993 dann in Detroit zu sehen war und das Publikum begeistert reagierte, sahen sich die Verantwortlichen bei Porsche in ihren Überlegungen bestätigt. Der Boxster konnte als eigenständige, zweite Baureihe neben dem Elfer bestehen. Man spricht davon, dass in der Zeit nach der Motor Show etwa 10.000 Bestellungen bei Porsche-Händlern für den Boxster eingegangen seien. Und auch die bewusste Differenzierung zum Elfer schien geklappt zu haben, was bei der geplanten Preispolitik – 76.500 Mark sollte der Boxster kosten – auch sehr offensichtlich war. Auf der anderen Seite war sich Wiedeking völlig sicher, dass „die Sportwagenkäufer stets das Original besitzen wollen. Sie möchten nicht einfach nur Leistung kaufen – sie wollen auch die Emotionen, die Historie und das Heritage erwerben. Und diese Melange gibt es eben nur beim Hause Porsche."

Als der Boxster im Herbst 1996 dann in seiner endgültigen Optik beim Pariser Autosalon stand, war er dank einer überaus aufwendigen Kampagne schon im Bewusstsein der künftigen Käufer verankert. Und wer heute auf die Straßen schaut, wird erkennen, dass der Boxster den Weg genommen hat, den ihm seine Väter vorgezeichnet haben. Er zieht tatsächlich ein jüngeres Publikum an, verstärkt sitzen Frauen hinter dem Steuer, und mit dem Elfer ist er – obwohl für den neuesten 911 zahlreiche Stilelemente des Boxster übernommen wurden – in keiner Weise zu verwechseln. Er ist seiner Aufgabe – die zweite eigenständige Baureihe im Hause Porsche zu werden – erfolgreich gerecht geworden.

Nach dem großen Erfolg des Boxsters erschien im Juli 1999 der Boxster S. Mit seinem 3,2-Liter-Motor erreicht das neue Top-Modell eine Spitze von 265 km/h.

Audi TT
Roadster

Die Qualität des Langläufers

Auf den Roadster des TT mussten die Kunden deutlich länger warten, als zunächst erwartet, da das TT Coupé größeren Absatz fand, als man bei Audi vermutet hatte.

Nicht erst im Laufe der neunziger Jahre bewies Audi, dass das Ingolstädter Unternehmen sich zur Nobelmarke innerhalb des VW-Konzerns entwickelt hatte – schon früher stand der bayerische Automobilhersteller für einen hohen Anspruch an Technik und Design. Zahlreiche Modelle repräsentierten auf eindeutige Art und Weise den Slogan des Unternehmens: „Vorsprung durch Technik". Welchen Anspruch man an die eigenen Baureihen stellte, bewies die Volkswagen-Tochter einmal mehr, als Audi bei der Tokyo Motor Show im Jahre 1995 zwei Varianten einer neuen Baureihe als Studien präsentierte: den TT als Coupé und als Roadster, damals noch als TTS bezeichnet.

Der Erfolg beider Modelle bei der japanischen Autoschau, sowohl beim Messepublikum als auch bei der Fachpresse, ließ die Verantwortlichen bei Audi nicht lange zögern, um die Serienfertigung dieser beiden Modelle zu beschließen. Schon wenige Wochen nach der Veranstaltung in Tokio – nämlich im Dezember 1995 – entschloss sich der Vorstand, beide Sportwagen-Versionen auf die Straße zu bringen. Auch wenn es noch bis zum Herbst des Jahres 1998 dauern sollte, bis zunächst einmal das Coupé bei den Händlern stand, so war doch angesichts einer Flut von Anfragen schon gewährleistet, dass der TT eine große Gemeinde an Liebhabern finden würde.

Als der geschlossene TT schon die Herzen der Käufer erobert hatte, sollte für die Fangemeinde der offenen Version zunächst einmal eine Enttäuschung folgen, denn Audi musste wegen der starken Nachfrage des Coupés die Einführung des Roadsters verschieben – und zwar auf den September des Jahres 1999.

Die Faszination des TT beruht einerseits auf der unglaublich schlichten und doch markanten Form, und andererseits auf der bereits bewährten Technik. Peter Schreyer, Design-Chef bei Audi und Verantwortlicher für die TT-Modelle, erklärt, warum der Roadster dem Coupé in keiner Hinsicht nachsteht: „Wir hatten das Glück, dass beide Autos sozusagen als Pärchen entstanden sind. So mussten wir praktisch keine Kompromisse eingehen."

Im Innenraum des TT Roadster haben sich die Designer mit der Authentic-Ausstattung etwas Extravagantes einfallen lassen: braunes Leder mit auffallenden Nähten.

Nachfolgende Doppelseite: Hinter den beiden fest montierten Überrollbügeln kommt auf Knopfdruck eine Scheibe als Wind-schott hochgefahren – auch, um vor zu ausgefallenen Sturmfrisuren zu schützen.

121